Descubre un
MUNDO
ASOMBROSO

Belén Martul Hernández

LIBSA

© 2024, Editorial Libsa
C/ Puerto de Navacerrada, 88
Polígono industrial Las Nieves
28935 Móstoles (Madrid)
Tel.: (34) 91 657 25 80
e-mail: libsa@libsa.es
www.libsa.es

ISBN: 978-84-662-4195-3

Textos: Belén Martul Hernández
Edición: Equipo editorial Libsa
Diseño de cubierta: Equipo de diseño Libsa
Maquetación: Violeta Sirera Blanco
Fotografías e ilustraciones: Shutterstock Images,
Gettyimages y archivo Libsa.

DL: M 34654-2023

Contenido

Presentación

El mundo está lleno de **inventos y maravillas** que una mente curiosa como la tuya debe descubrir... ¡Siempre y cuando te atrevas a poner a prueba tus conocimientos!

Para empezar este viaje, fíjate en la multitud de **medios de transporte** que hay a tu alrededor. Por tierra, mar y aire, seguro que sabes cuál es cuál y que llegas a tiempo a la fiesta musical de las siguientes páginas en las que hay una exposición de **instrumentos** del mundo. Como creemos que aún no estarás cansado, puedes practicar algo de **deporte,** pero no temas, con las pistas que te damos seguro que sabrás cuáles son, aunque jamás los hayas practicado. Es probable que después de moverte tanto tengas hambre; por eso te presentamos unas páginas deliciosas, con las mejores **comidas** del mundo. Te daremos un truco: fíjate en las banderas para saber de dónde son.

Es el momento de ponerse a soñar... Por ejemplo, qué serás de mayor, adivina las **profesiones** con los detalles que damos y ya de paso, hazte viajero y emprende una aventura por los mejores **monumentos** y **esculturas** del planeta. ¡No todos son tan conocidos, es un buen momento para aprender! Si esto te ha parecido poco, adéntrate en el **mundo natural:** averigua qué mineral o planta es sabiendo solo alguna de sus características o piérdete en la versión mas extrema del planeta Tierra

a través de sus **maravillas naturales** y **accidentes geográficos** inluyendo un **mapamundi** para que no te pierdas nada. Este libro es un gran juego en el que usarás tu ingenio (y algunas pistas que te damos) para resolver dudas y salir mucho más sabio de lo que empezaste. El paso a paso no tiene pérdida:

- Primero, **observa y lee** con mucha atención. Inesperadamente, una palabra puede ser la clave para descubrir de qué se trata y acertar con la solución correcta.

- Cada **fotografía** va numerada y se corresponde con un texto y un concepto.

- Pon especial atención en las **palabras destacadas** en negrita, porque te ayudarán a resolver el **autotest** de cada bloque.

- Al final del libro puedes encontrar todas las **soluciones** (de pág. 54 a pág. 64) y no debes preocuparte si aciertas muchas o pocas... ¡Siempre puedes repetirlo!

- En este juego siempre gana el que más aprende y se divierte. Por eso te recomendamos que no leas solo: invita a tus **amigos** y formad equipos.

¿Quién ganará esta competición de conocimientos? ¡Deja tu huella!

Puede **arrastrar remolques** o maquinaria pesada, ¡tiene mucha fuerza! Sus ruedas delanteras y traseras son grandes y de diferente tamaño, y eso le da equilibrio y agarre. La mayoría no se desplaza a gran velocidad y lo hace al ritmo del trac, trac, trac.

1

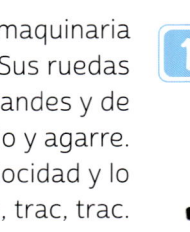

Empieza el viaje

2

Es un vehículo de **dos ruedas con motor,** no hay que pedalear. Pueden ir dos personas subidas sobre su chasis, tres si lleva un sidecar en su lateral. Hay grandes circuitos de carreras, pero fuera de ellos respeta la velocidad y ¡ponte un casco!

El ser humano ha buscado cómo desplazarse y trasladar cargas pesadas por tierra, mar, aire y hasta por el espacio. Son muchos los vehículos que ha ideado para sortear obstáculos, ganar en confort, velocidad y, actualmente, se buscan diseños más ecológicos. ¡A ver cuántos de los siguientes transportes conoces!

3

Es un transporte **subterráneo** formado por **vagones.** Accedes a él por las estaciones que se abren en la superficie de las grandes ciudades. Londres fue la primera en usarlo y en Kiev hay una estación a más de 100 metros de profundidad. ¡Aquí no hay atascos!

4

Es el transporte de **pasajeros urbano** más antiguo. Consiste en un vagón que se mueve sobre raíles gracias a la energía de una línea eléctrica. Algunos muy famosos son los de Lisboa o San Francisco. «Transporte» sobre «vía» urbana... ¿Lo tienes ya?

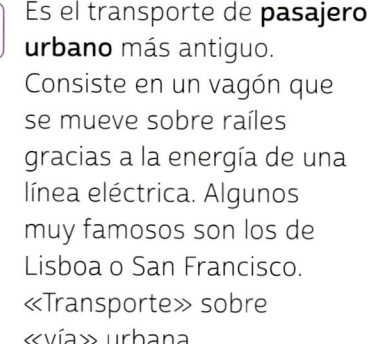

Hay en todas las ciudades. Cubre siempre una **ruta fija** dentro de la población o en zonas periféricas. Cada línea tiene una serie de **paradas** donde los pasajeros suben y bajan de él. A veces los frenazos son bruscos, así que si vas de pie, ¡sujétate bien!

5

6 Es el vehículo de movilidad personal de moda en las ciudades. Se impulsa gracias a un **motor eléctrico** y no puede usarse por aceras ni a más de 25 km/h. ¡Nada de auriculares al conducir!

Dos ruedas, de ahí su nombre. Ponte el **casco,** agarra el **manillar,** siéntate en el **sillín** y... ¡a pedalear! Hay modelos para carretera o montaña. ¿Sabías que en Holanda es donde más se utiliza?

7

8 Permite simular el **movimiento** sobre las **olas** en el medio terrestre, de ahí su conocido nombre inglés. Si quieres más velocidad, desplázate suavemente haciendo eses.

9 Su **motor** se activa gracias a la energía de sus **baterías.** Tiene menos componentes que los automóviles tradicionales y su mantenimiento es más económico. No necesita combustibles como la gasolina o el diésel y no emite gases, ¡contamina menos!

Las baterías del vehículo requieren de un punto de carga eléctrico.

10

Está diseñada para salir de la órbita terrestre, aunque requiere del **impulso** de **cohetes** para hacerlo. Además de transportar carga, alguna puede llevar pasajeros. El ser humano ya pisó la Luna y puede que pronto lo haga de nuevo. ¿Llegará con este vehículo a Marte?

11

Despega y aterriza en vertical, puede mantenerse quieto en el aire y girar sobre sí mismo. ¡Esta aeronave de **alas giratorias** es única! Se utiliza en rescates por su increíble capacidad de movimiento. ¿Escuchas el ruido de sus hélices?

12

Es una nave grande, de varios pisos, acondicionada para realizar largos **viajes de ocio** por el mar. Dispone de piscinas, jacuzzi, espacios para practicar deporte, bares, tiendas y restaurantes, entre otros servicios. Se detiene en puertos turísticos. ¡Una auténtica ciudad flotante! ¿Te has cruzado con alguno?

13

Se mueve sobre el agua o debajo de ella. Su principal uso es militar, aunque también participa en labores científicas. Puede **sumergirse** durante días o ¡incluso meses! No es apto para claustrofóbicos.

AUTOTEST

Autobús
Avión
Bicicleta
Buque de carga
Coche eléctrico
Crucero
Globo aerostático
Helicóptero
Metro
Moto
Nave espacial
Patinete
Submarino
Tractor
Tranvía
Velero
Waveboard
Zepelín

RESPUESTAS

¿Cuántos transportes has sabido nombrar?

Menos de nueve. ¡Bien! Ya puedes desplazarte a varios lugares.

Entre nueve y dieciséis. ¡Fenomenal! Se nota que te gustan los vehículos.

Más de dieciséis. ¡Increíble! Lo tuyo son los transportes. Seguro que te gusta mucho moverte y viajar.

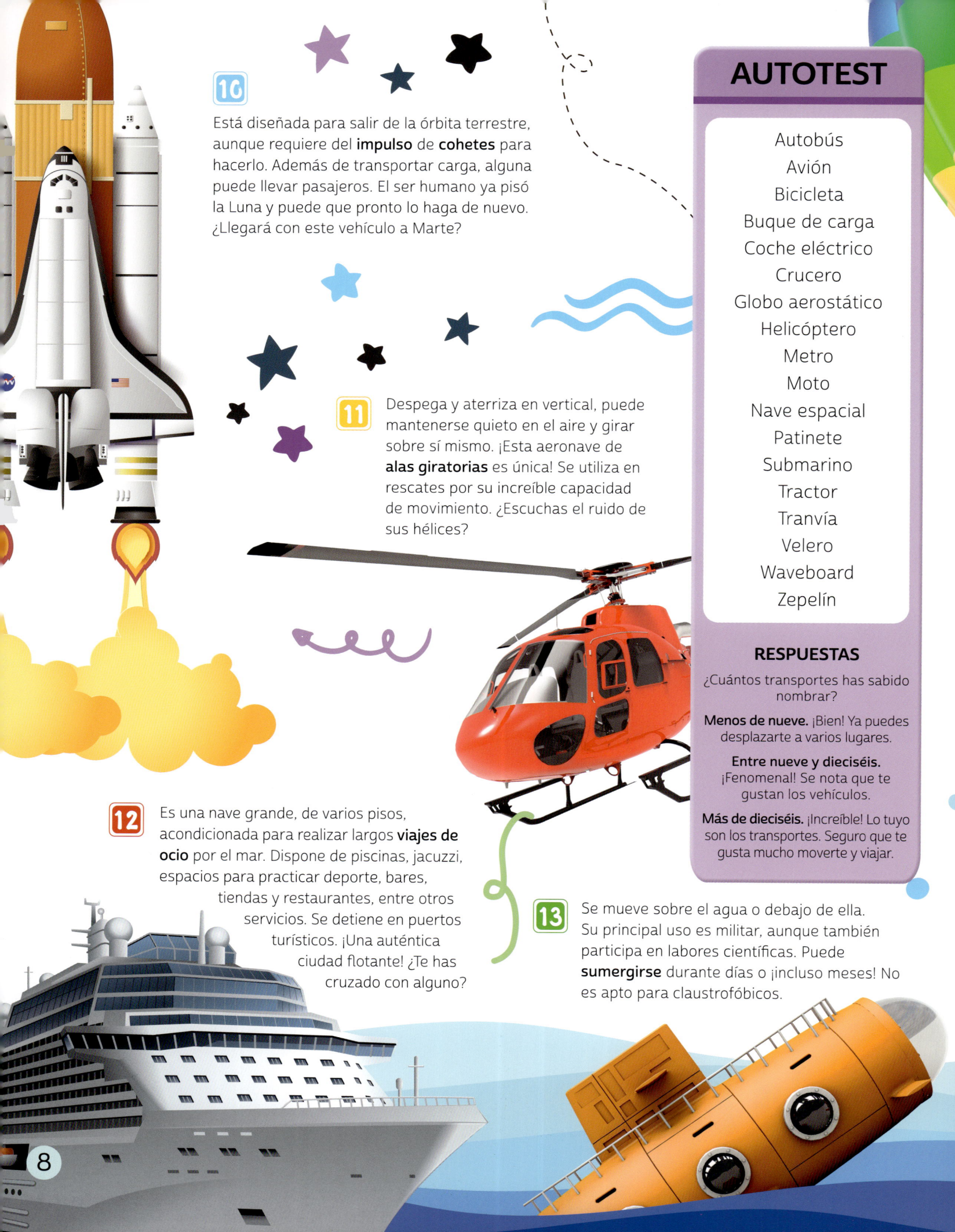

15

Se desplaza por el aire gracias a su potente motor y sus grandes **alas laterales.** Permite viajar entre ciudades y países a más velocidad que otros medios de transporte. Despegan y aterrizan en **aeropuertos.** Haz el *check-in*, abróchate el cinturón y ¡a volar! ¿Sabes ya de qué transporte hablamos?

14

Esta gran bola de color llena de **aire caliente** flota por el cielo y resulta inconfundible. Su nombre lleva dos palabras. Si quieres ir por el aire sintiendo cómo el viento te lleva, ¡este es el transporte adecuado!

16

Puede que veas volar alguno con fines publicitarios. Fue la primera **aeronave dirigible** en vuelos de larga duración. A principios del siglo XX transportaba mercancías y pasajeros. Lo inventó Ferdinand von Zeppelin...

17

Embarcación ligera que aprovecha la acción del viento sobre sus **velas** para **navegar.** Se utiliza sobre todo con fines deportivos y recreativos. Completa este poema: «Con diez cañones por banda, viento en popa a toda vela, no corta el mar, sino buela un...».

18

Es un tipo de **barco** en el que se llevan **mercancías** de un puerto a otro. ¡Puede trasladar contenedores muy pesados! La mayoría del transporte marítimo internacional se realiza en estas naves. ¡Vaya carga!

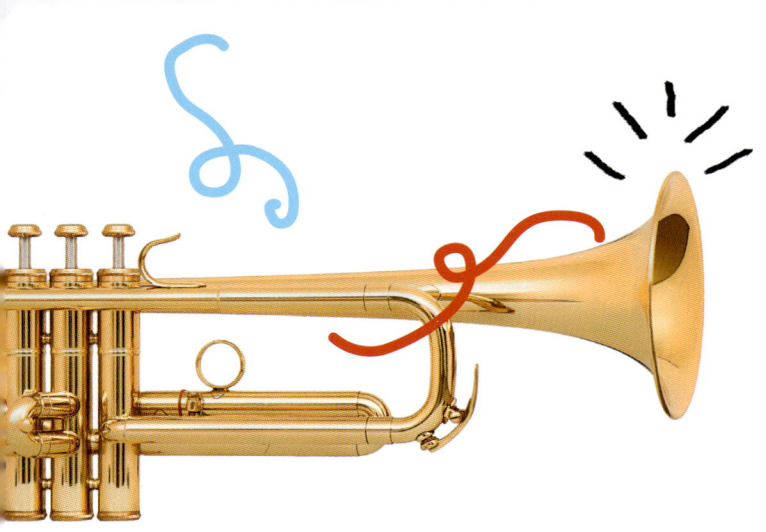

Fiesta musical

Estos objetos emiten sonidos que, al combinarse, crean música. Los hay de diferentes materiales, como madera, metal, cuero o barro. Según el modo que utilizan para generar sonido se clasifican en instrumentos de viento, cuerda, percusión o eléctricos. ¿Cuántos instrumentos musicales conoces? ¡Vamos a escuchar sus notas!

1 Si quieres que suene este **instrumento de viento,** sopla por la boquilla y consigue diferentes notas haciendo vibrar tus labios. Este largo tubo de metal va ensanchándose desde la boquilla hasta el pabellón final y se utiliza mucho en bandas de jazz y... ¡tiene un sonido que peta!

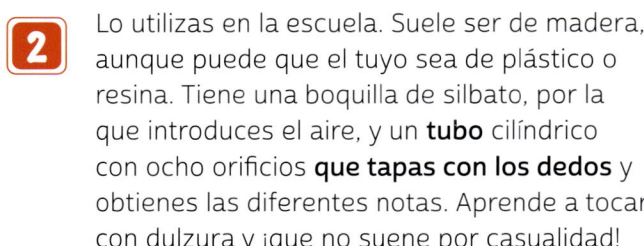

2 Lo utilizas en la escuela. Suele ser de madera, aunque puede que el tuyo sea de plástico o resina. Tiene una boquilla de silbato, por la que introduces el aire, y un **tubo** cilíndrico con ocho orificios **que tapas con los dedos** y obtienes las diferentes notas. Aprende a tocar con dulzura y ¡que no suene por casualidad!

3 La vibración de sus cuatro cuerdas llevará tu mente a **Hawái.** El modelo más popular mide 53 centímetros, aunque también se utilizan los de 58, 67 o 76 centímetros, que ofrecen un volumen mayor de sonido. ¿No te suena? Tiene un sonido tan alegre y transmite tan buen humor que te encantaría saber tocarlo.

4 Son solo unas piezas metálicas situadas entre dos aros superpuestos, pero ¡cómo suena! Basta con agitar o golpear con él alguna parte del cuerpo. Lo tocas en Navidades y, si ves a la tuna pasar, ¡fíjate si lleva este **instrumento de percusión!**

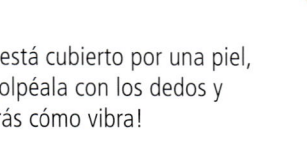

Si está cubierto por una piel, ¡golpéala con los dedos y oirás cómo vibra!

Tiene 52 teclas blancas y 36 negras.

5 Es un instrumento grande y pesado. La caja de resonancia se abre como un ala y en su interior hay unas cuerdas metálicas de diferente longitud y tamaño. Al tocar el **teclado,** unos pequeños mazos de madera las golpean y ¡qué sonido! Necesitas tener una banqueta para sentarte y ¡mucha agilidad en los dedos para tocarlo!

Sopla por la boquilla, pulsa la llaves y ¡oirás el sonido saliendo por esta campana!

6 Tiene un cuerpo en forma de ocho, con un agujero en el centro, y un mástil a lo largo del cual se extienden las **cuerdas,** generalmente **seis.** Empieza por afinarlas con las clavijas que están en su extremo y ¡aprende a rasguear y hacer punteos!

Las pequeñas piedras, semillas, arroz u otros materiales de dentro de la carcasa producen su sonido. ¡Como un sonajero!

7 Presenta dos curvas cerradas: una en el cuello, por donde la boquilla se une al cuerpo, y la otra al final de este. Sobre el cuerpo se disponen las llaves con las que ¡darás la nota! **Adolphe Sax** creó este instrumento y le dio nombre. ¡Esta pista es muy buena!

8 Se trata de un instrumento de percusión que utiliza su propio cuerpo para resonar y producir el sonido. Consta de una parte esférica hueca que se sostiene por un mango. Suelen utilizarse **en pares.** ¡Agita con ritmo!

9

Es el más pequeño de la familia de **instrumentos de cuerda** clásicos y el que emite el sonido más agudo. Necesitas un arco para frotar sus cuatro cuerdas. ¿Quieres la pista definitiva? ¡Se sujeta entre la clavícula y la barbilla!

10

Posee un gran marco de forma más o menos triangular, que se apoya normalmente en el suelo. Dentro de él hay **cuerdas tensadas** que suenan al pulsarlas con los dedos. ¡Música celestial para los oídos!

11

Este instrumento de **viento** consta de dos cajas armónicas unidas por un fuelle. La parte izquierda tiene botones, y la derecha o teclas de piano o botones. Se cuelga de los hombros y se sujeta por los lados con ambas manos. Utiliza tu mano izquierda para abrir y cerrar el **fuelle** y ¡obtén acordes!

Dispone de válvulas para regular la presión del aire. Solo tocarlas con los dedos y ¡qué variedad de notas!

12

Es el mayor de los **instrumentos de viento** de metal. La vibración de los labios al soplar influye en el sonido. El cuerpo es un **tubo** doblado varias veces sobre sí mismo ¡de casi cinco metros! ¿Tú vas a descubrir su nombre?

AUTOTEST

Acordeón
Arpa
Batería
Clarinete
Flauta dulce
Guitarra
Guitarra eléctrica
Maracas
Pandereta
Piano
Saxofón
Triángulo
Trompeta
Tuba
Ukelele
Violín
Xilófono

RESPUESTAS

¿Cuántos instrumentos musicales has averiguado?

Menos de nueve. ¡Bien! Has empezado a montar tu orquesta.

Entre nueve y quince. ¡Fenomenal! Tienes buenos conocimientos musicales.

Más de quince. ¡Increíble! Lo tuyo es la música. ¿Qué instrumentos tocas?

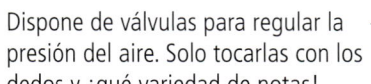

13

Golpea con la varilla en el metal de este **instrumento de percusión** y ¡escucha el sonido de su vibración! Está ligeramente abierto por uno de sus extremos y su **forma** le da nombre. Ya lo tienes, ¿no?

Sostenlo con un soporte, ¡no con los dedos!

14

¡No pierdas el do ni las demás notas de este instrumento! Es de madera y tiene una boquilla de caña por la que se introduce el aire y un tubo cilíndrico con llaves de metal. Puede emitir matices extremos en sus registros. ¿Lo tienes **claro,** clarín?

El sonido se escucha al conectar la caja a un equipo electrónico. ¡Controla el amplificador!

15

Si lo tuyo es el pop-rock, *heavy metal* o *funky*, ¡este es tu instrumento! Al pulsar sobre sus seis cuerdas de metal vibrarán. El sonido se convierte en **señales eléctricas** que puedes modificar con aparatos electrónicos. ¡Prepara tus oídos!

16

Tambores, bombo, caja, platillo, toms y pedales forman parte de este **instrumento de percusión.** ¡Vaya equipo! Necesitas baquetas o escobillas para obtener diferentes sonidos y crear ritmos. Ojo a tu coordinación y ¡no te quedes sin energía!

Cada tabla, ordenada de mayor a menor, corresponde a una nota musical que va de grave a aguda: ¡do, re, mi, fa, sol, la, si , …!

17

Instrumento de percusión formado por **láminas de madera** que vibran al golpearlas con unos macillos. Su nombre viene del griego. ¡Investiga!

1

¡Pon atención! Es un deporte con dos equipos de cinco jugadores cada uno y se practica dentro de una cancha con **dos canastas.** Cada equipo debe introducir el **balón** en la canasta contraria y anotar el mayor número de puntos. ¡Solo se pueden utilizar las manos! ¿Ya lo has adivinado?

Practica deporte

Un deporte es una actividad para mejorar la capacidad física y psíquica. Tendrás que entrenar, cumplir las reglas y normas que los rigen y buscar el espacio adecuado donde hacerlo. En el mundo hay unos 250 deportes reconocidos. ¿Cuántos conoces tú?

2

En este deporte **dos jugadores** o dos parejas golpean la pelota con una raqueta para que rebote al otro lado de la red que divide la pista. Se juega sobre césped, tierra batida o asfalto. Rafa Nadal, Djokovic y Carlos Alcaraz lo practican... Venga, ¡este es muy fácil!

Si practicas el deporte en carretera necesitarás unas ruedas más finas, y más anchas si quieres ir por la montaña para agarrarte bien al terreno.

3

Se puede practicar al aire libre o en pista cubierta. Hay muchas modalidades: pruebas de velocidad en velódromos, por carretera con pruebas por etapas, contrarreloj y escalada, rutas de montaña o circuitos sobre diferentes terrenos y con obstáculos. Última pista: irás **sobre ruedas.**

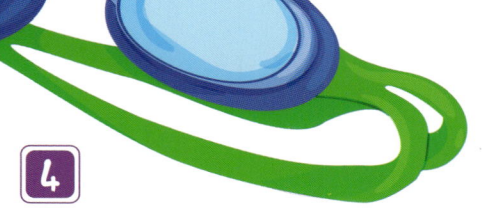

4

Es uno de los deportes que más se practica: implica movimiento y desplazamiento a través del **agua** utilizando brazos y piernas. Hay diferentes técnicas para avanzar hacia delante o hacia atrás. Si lo adivinas es que te mueves como un pez en el agua.

5

Es una **disciplina deportiva** que combina elementos de ballet, danza y elasticidad. Los ejercicios se realizan sobre un tapiz y **con música.** Requiere de una gran coordinación del cuerpo y mucha precisión en la ejecución. Hay pruebas individuales y de grupo. Quienes lo practican ¡parecen de goma!

En este deporte se utilizan el aro, la pelota, las mazas, la cinta y la cuerda. ¡Todo es muy artístico!

¡Mira qué curioso es lo que utilizan en vez de pelota! Se llama pluma o volante.

6

Es un deporte de **raqueta** en el que dos jugadores individuales o dos parejas golpean la **pluma** por encima de la red y debe caer en el lado del oponente. Desde 1992 es deporte olímpico y... ¡cuesta mucho ganar a los asiáticos en esta disciplina!

7

Su nombre popular hace referencia al **sonido que provoca la bola** cuando se golpea con la raqueta y rebota en la mesa. ¡Esta pista es muy buena! Es un deporte muy rápido y su práctica mejora la capacidad de reacción, la concentración y la coordinación ojo-mano.

En este deporte se emplea la pala, que se puede introducir en el agua porque no está fija en la embarcación. ¿Te atreves a practicar?

8

Es un **deporte acuático** que se practica sobre una **embarcación** ligera propulsada por una, dos o cuatro personas. Existen modalidades de eslalon, descenso de aguas bravas, ríos y travesías o maratón. Solo para aventureros.

9

Es el deporte con más seguidores en el mundo. Participan dos equipos de once jugadores cada uno. Hay una **portería** a cada lado del campo y hay que introducir **la pelota,** sin usar los brazos ni las manos. El partido dura 90 minutos divididos en dos tiempos. Si no lo has adivinado ya, ¡acabas de encajar un **gol!**

10

Hay tres elementos que componen este deporte: la **mesa,** que es un tablero de pizarra forrada de paño, el **taco,** que lleva en su extremo anterior una suela de cuero para transmitir el movimiento, y un número variable de **bolas.** Necesitarás mucha precisión. Golpea la bola blanca, que empieza la partida.

11

Se **juega en parejas** y su objetivo es que la pelota pase al campo contrario con un solo golpe. Utiliza tres elementos: la **pala,** que puede ser plana, lisa o rugosa y está perforada por agujeros, la **pelota** y la **pista,** rodeada de cuatro paredes sobre las que puede rebotar la pelota. ¿Sabes ya qué deporte es? ¡Está de moda!

12

Se juega entre **dos equipos** de nueve jugadores en un campo con cuatro bases. El objetivo es golpear una pelota con el **bate** mientras se corre por el campo para alcanzar el mayor número de bases posibles antes de que los defensas capten con su guante la pelota. En muchas películas norteamericanas se ven escenas de este deporte. ¿Sabes cómo se llama?

13

Es un **deporte de contacto** que enfrenta a dos equipos de quince jugadores. Se pasan y patean un balón ovalado que lanzan sobre las porterías situadas en los dos extremos del campo con el objetivo de anotar y ganar puntos. El equipo nacional de Nueva Zelanda interpreta su famosa danza de haka antes de cada partido. ¿Cuál es?

14

Necesitas **palos** y un **carrito** para llevarlos, **bolas** y un **guante...** Con ayuda de los palos se debe introducir la pelota en cada uno de **18 hoyos** del campo. ¡Solo cuatro letras y lo adivinas!

AUTOTEST

Bádminton

Baloncesto

Béisbol

Billar

Bolos

Ciclismo

Esquí

Fútbol

Gimnasia rítmica

Golf

Natación

Pádel

Ping-pong

Piragüismo

Rugby

Tenis

15

Equípate antes de deslizarte por la **nieve** sobre las dos **tablas** que se sujetan a la bota. Se emplean también dos **bastones** que aportan equilibrio, ritmo y ayudan a impulsarse. ¡A las pistas en telesilla!

Se lanza una **bola muy pesada** para derribar el mayor número de piezas, con una silueta parecida a la de una botella y que dan nombre a este deporte. ¡Si lo aciertas tienes **pleno!**

16

RESPUESTAS

¿Cuántos deportes has reconocido?

Menos de ocho. ¡Bien! Ahora ya conoces algunos más.

Entre ocho y catorce. ¡Fenomenal! Se nota que te gustan los deportes.

Más de catorce. ¡Increíble! Tienes un gran espíritu deportivo. Seguro que practicas varios.

La bola de este deporte es esférica y con tres agujeros para los dedos. ¡Suéltala a tiempo!

#1

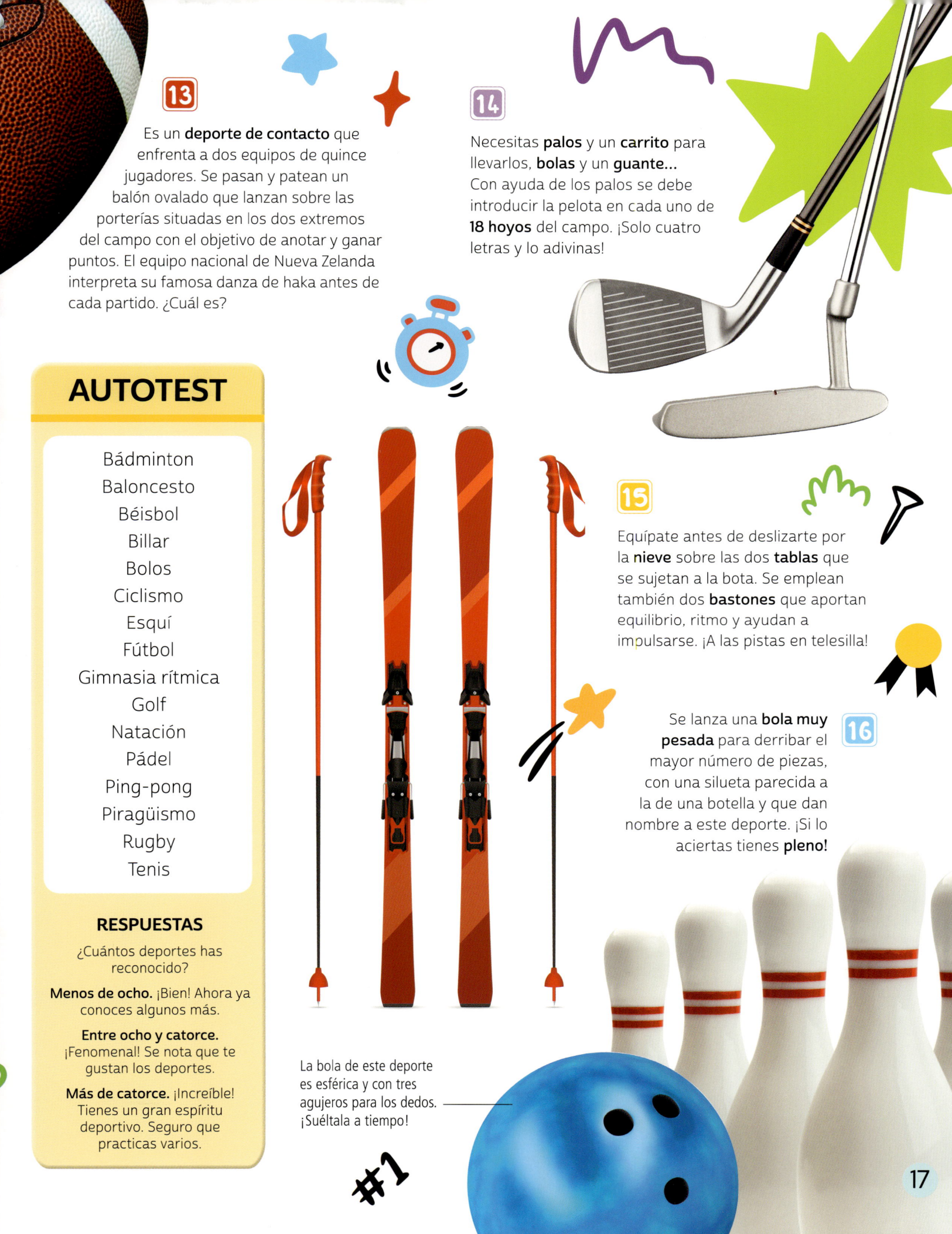

En los restaurantes se utilizan los palillos o «hashi» para comer las piezas de un solo bocado.

Sabores del mundo

El mundo está lleno de olores y sabores, y la gastronomía de cada país es un símbolo distintivo de cultura que forma parte de su patrimonio. Viajar es conocer los espacios naturales, las obras de arte creadas por el ser humano y disfrutar de los platos tradicionales de la zona. ¡Comienza la degustación!

1 El plato más conocido de la gastronomía **japonesa:** arroz aderezado con vinagre, sal y azúcar y acompañado de pescado o verduras. Los dos tipos más conocidos son los *maki* y *nigiri*. Pon un poco de soja al lado del pescado y ¡a disfrutar!

2 Especialidad **mexicana** que consiste en trozos de maíz fritos. Suelen acompañarse de salsa de queso, chile, **guacamole** o **tomate,** principalmente. Hay quien los conoce como totopos o tortilla chip, aunque llevan el nombre abreviado de la persona que los preparó por primera vez: Ignacio. ¿Lo tienes?

3

Es un plato muy popular de la gastronomía británica: «**pescado** rebozado y **patatas fritas**». Originariamente, el pescado solía ser bacalao, y el envoltorio, papel de periódico. Se cree que la tradición de rebozar los alimentos llegó por los judíos sefardíes. ¡No puedes irte de Reino Unido sin probarlo!

Los sabores más representativos de **México** forman parte de esta receta: **tortilla,** carne, limón y salsa preparada con tomate, cebolla, ajo, cilantro y chile. Tienen su origen entre el año 1000 y 500 a. C. y funcionaban como una especie de cuchara que se podía comer. Los preparan en taquerías.

4

Se cocina en una sartén circular con asas que dio nombre al plato.

5

Plato **español muy reconocido** entre los turistas. Tiene su origen en la Albufera de Valencia. Se come directamente del recipiente y con cuchara de madera. La receta original lleva arroz, conejo o pollo y verduras. Actualmente hay muchas variantes.

6

Es un plato asociado a **Estados Unidos.** Consiste en un filete de **carne picada,** hecho normalmente a la parrilla, dentro de un **pan** de forma semiesférica. Se le añaden complementos como cebolla, queso, diversas salsas, etc. ¿Cómo te gusta a ti?

7

Originario de Italia, es el plato más consumido en el mundo. El tipo de harina de su base marca la diferencia, así como el tomate y la mozzarella. La **napolitana** es la única con denominación de origen y solo hay seis tipos básicos, el resto son variaciones de los ingredientes. ¡Un 20 % de los restaurantes del planeta sirven este plato redondo!

8

El nombre de este plato **significa** «derretida» en **francés**. Se come sumergiendo un pincho con piezas pequeñas de pan, carne o fruta en líquidos calientes como queso, aceite o chocolate, respectivamente. El recipiente se coloca sobre una fuente de calor. ¡Cada comensal con su pincho!

Quesos como el gruyer o emmental son el ingrediente estrella de este plato suizo.

9

Seguro que conoces este **bollito** en **forma** de **medialuna**. Tiene su origen en Viena, que celebró así su victoria sobre los turcos, aunque fueron los franceses quienes lo perfeccionaron añadiendo mantequilla y lo hicieron popular en todo el mundo. ¡Qué deliciosa textura!

AUTOTEST

Chocolate
Cruasán
Cuscús
Fish & chips
Fondue
Hamburguesa
Nachos
Paella
Perrito caliente
Pizza
Sándwich
Sushi
Tacos

RESPUESTAS

¿Cuántos platos has averiguado?

Menos de siete. ¡Bien! Has empezado a probar los sabores del mundo.

Entre siete y once. ¡Fenomenal! Aprecias las delicias de la cocina internacional.

Más de once. ¡Increíble! Lo tuyo es la gastronomía. ¡Eres todo un *gourmet!*

10

Ketchup y mostaza son las salsas básicas que acompañan a este icono gastronómico de Estados Unidos que tuvo su origen en Europa: una salchicha hervida dentro de un pan alargado ligeramente tostado. Puedes incorporar otros ingredientes según tu gusto. ¿Te apetece un *dachshund*?

Se necesita una cuscusera para hacer este plato. Tradicionalmente son dos piezas de barro encajadas.

11

Mayas y aztecas lo utilizaban como moneda de cambio. Era un estatus de poder, **¡un manjar de dioses!** El árbol del cacao es el origen de esta delicia energética que llegó a Europa tras el viaje de Colón. Hasta finales del siglo XIX se consumía líquido, ¡igual que ahora en tu boca!

12

Es uno de los platos más populares y variados del mundo. Se come a cualquier hora del día. Es un **emparedado** de comida, fundamentalmente de fiambre y carnes frías, entre dos trozos de pan. El más popular es el de jamón y queso, aunque... ¿cuántos ingredientes has puesto en el tuyo?

13

Plato de origen marroquí elaborado con **sémola de trigo duro** que no se ha convertido en harina. Sirve de guarnición y, a veces, se mezcla con verduras, carnes o pescados. Es una receta muy nutritiva que en Marruecos se come directamente de la bandeja y con la mano: ¡solo la derecha!

Cuando sea mayor

Cada profesión requiere de habilidad y de una formación adecuada para realizar un trabajo especializado ¡no es para aficionados! Hay muchas y muy variadas. ¿Has pensado qué te gustaría ser de mayor? ¡Vamos a ver cuántas profesiones descubres!

Mira estas zapatillas, ¡qué buena pista! Son flexibles y tienen un diseño especial.

1 ¿Te gusta saltar al ritmo de la música? Para ejercer esta profesión aprende a mover tu cuerpo con elegancia, hacer giros y poner tus **pies en punta.** ¡Es muy difícil! Si te animas, ¡no pierdas tiempo! Se empieza con pocos años.

2 Si te gusta **proteger a los demás** y que se mantenga el orden, ¡esta puede ser tu profesión! Evitarás que se cometan delitos y, si se producen, investigarás lo sucedido. ¡Seguro que has visto muchas películas de estos profesionales! Una última pista: llevarás **uniforme,** grilletes, armas y, en ocasiones, ¡hasta un chaleco antibalas!

3 Si lo tuyo es **cuidar animales**, ¡fija tu atención en esta profesión! Tu trabajo consistirá en prevenir, diagnosticar y cuidar sus enfermedades. También podrás investigar los alimentos de origen animal que consumimos para que no nos pongamos enfermos. ¡Guau!

El telescopio es un instrumento para observar el cielo. ¡Mira cuántos astros!

4 ¿Te gustan los **laboratorios** y hacer **experimentos?** Las propiedades y composición de las sustancias no van a tener secretos para ti. ¿Te imaginas si descubres algún elemento de la tabla periódica? ¡Lo mismo que Marie Curie!

5 Mira tu cuerpo. ¿Tienes curiosidad por saber todo lo que ocurre en su interior? Imagina que trabajas para **cuidar de la salud** de las **personas:** detectas enfermedades, aplicas tratamientos para curarlas y alivias dolencias. Otra pista: llevas bata y fonendoscopio. ¡Ya tienes algunos síntomas de la profesión!

6 ¡Qué grande y misterioso es el **universo!** ¿Quieres saber todo sobre **estrellas, planetas, galaxias** y demás cuerpos celestes y descubrir sus secretos? ¡A investigar esta profesión!

7 Piensa en un conejo saliendo de la chistera. ¡Vaya pista! ¿Te gusta hacer **trucos** con cartas y **asombrar** a los demás? Tendrás que practicar y estudiar mucho para crear ilusiones. Toma la varita y ¡abracadabra! ¿Has adivinado esta profesión?

8 Acuden a la llamada de ¡**fuego!** También están en accidentes de tráfico, inundaciones y situaciones de **emergencia.** Su camión tiene sirena, escalera, manguera y muchas herramientas. ¡Prepara bien tu cuerpo!

9

¡Mira qué pelos llevas! ¿Te atrae la estética y el **cuidado** del **cabello?** Si te gusta cortar, peinar, teñir o arreglar la barba y el bigote, hazte con un peine, tijeras y secador. Esta profesión ¡te va al pelo!

10

¿Qué tal vas de voz? ¿Tienes buen oído? Si posees las dos cosas, deja de hacer gorgoritos en la ducha y prepárate para ser profesional. Deberás adquirir técnica y entrenar todos los días para mejorar tu arte. Cuida tus **cuerdas vocales** y ¡procura no desafinar!

11

Cuando estás comiendo un plato, ¿preguntas qué ingredientes lleva o cómo se ha preparado? Si tienes curiosidad por la **gastronomía,** acércate a los fogones. ¡Esta profesión huele que alimenta!

12

¿Te gusta **expresarte** a través de tus **dibujos?** Con esta profesión puedes aprender muchas técnicas y jugar con los colores y las composiciones. Tus obras serán realistas o abstractas: la paleta de posibilidades es amplia. ¡Experimenta con los pinceles y crea tu propio estilo!

AUTOTEST

Astrónomo/-a
Bailarín/-a de ballet
Bombero/-a
Cantante
Cocinero/-a
Director/-a
Fotógrafo/-a
Ingeniero/-a
Jardinero/-a
Mago/-a
Médico/-a
Peluquero/-a
Pintor/-a
Policía
Profesor/-a
Químico/-a
Veterinario/-a

RESPUESTAS

¿Cuántas profesiones has averiguado?

Menos de nueve. ¡Bien! Tienes oportunidad de descubrir nuevas profesiones.

Entre nueve y quince. ¡Fenomenal! Conoces bastantes profesiones.

Más de quince. ¡Increíble! Las profesiones no tienen secretos para ti. ¿Has elegido la tuya?

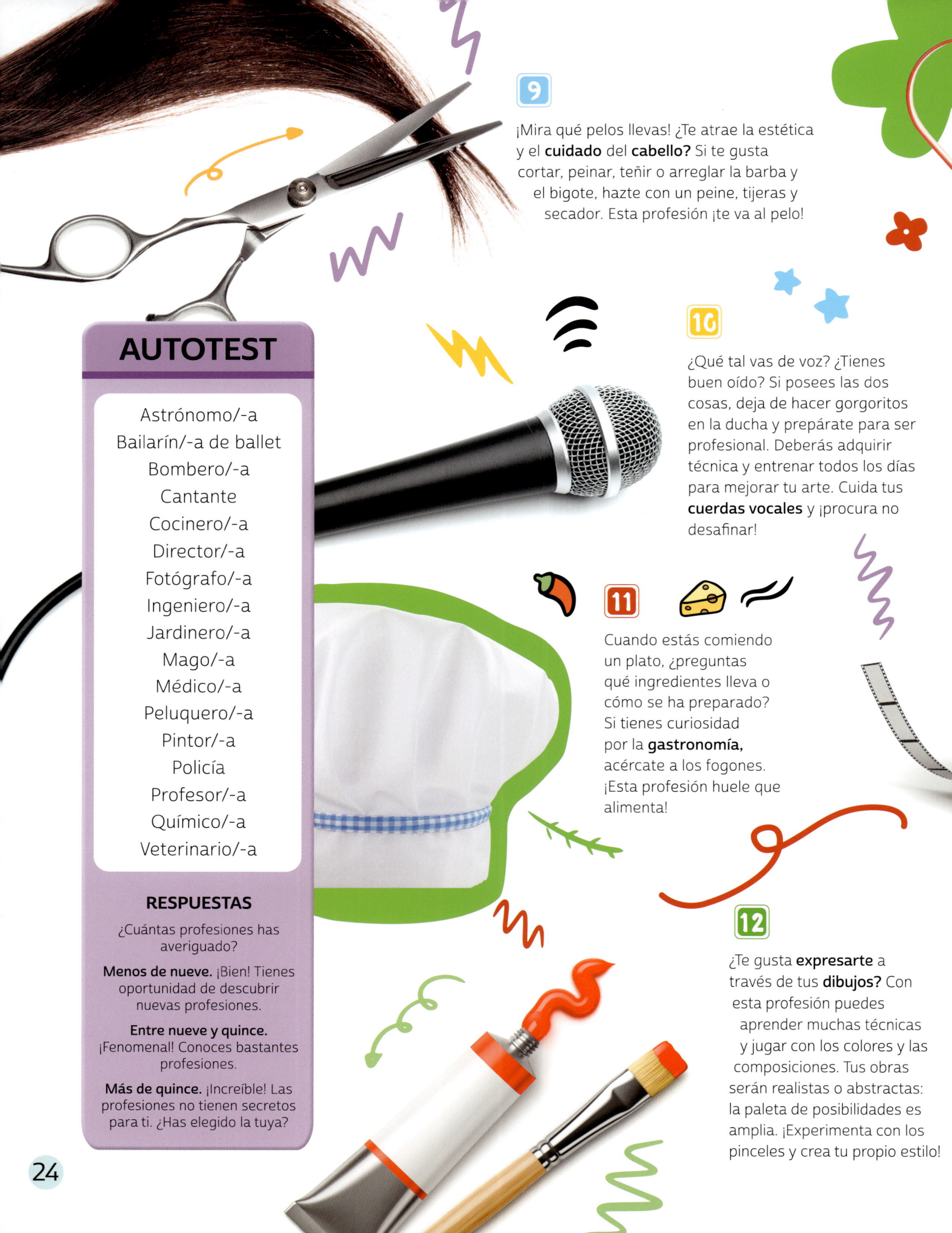

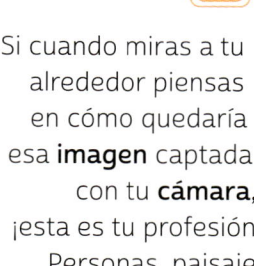

13

Si cuando miras a tu alrededor piensas en cómo quedaría esa **imagen** captada con tu **cámara,** ¡esta es tu profesión! Personas, paisajes, escenas cotidianas u objetos serán el foco de tu atención. Aprenderás la técnica y los trucos para conseguir la mejor calidad en un ¡clic! ¿Necesitas otra pista *flash*?

14

¿Te gusta **cuidar las plantas?** No estás como una regadera, aunque la necesitarás en esta profesión. Te encargarás de plantar, regar, evitar plagas, cortar el césped, podar arbustos y retirar maleza. ¿Quieres vivir entre flores?

15

Si dominas las matemáticas, las ciencias y tienes una mente práctica, ¡esta es tu profesión! Tendrás que diseñar y ofrecer **soluciones tecnológicas** así que ... ¡ingéniatelas para diseñar un buen prototipo!

¿Te gustaría diseñar un brazo robótico parecido a este?

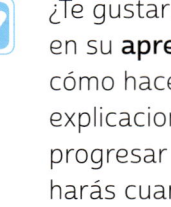

16

Eres el **responsable** de la **película:** decides el guion, coordinas el trabajo de los equipos técnicos (fotografía, sonido, vestuario, etc.), seleccionas los planos y das indicaciones a los actores. ¡Acción! ¿Qué profesión estás ejerciendo?

Libros y materiales educativos formarán parte de tu día a día.

17

¿Te gustaría ayudar a los demás en su **aprendizaje?** Tú decidirás cómo hacerlo: prepararás tus explicaciones y ayudarás a progresar a tus **alumnos.** ¿Qué harás cuando alguien levante la mano y pregunte?

1

Sitio arqueológico **maya** presidido por la pirámide de **Kukulcán.** Reúne espacios fascinantes como la cancha del juego de pelota o la plataforma con relieves de calaveras ¡junto con otros relieves de animales y guerreros!

Ruta monumental

Son edificios emblemáticos reconocidos en el mundo entero y que se erigen como auténticos símbolos de sus países. Son muchos los años que llevan en pie. Reciben millones de visitas al año. Veamos cuántos reconoces. ¡Seguro que te entrarán ganas de viajar!

3

Situado en Roma, es el anfiteatro más grande del mundo. Recibe su nombre por el **Coloso de Nerón** que originariamente estuvo al lado. En su inauguración, los juegos duraron ¡más de cien días! Gladiadores y animales esperaban en los túneles subterráneos antes de entrar en combate.

2

Su diseño innovador, con las características bóvedas del tejado, es una imagen inconfundible de Australia. En su interior se disfruta de obras de teatro, ballet, **ópera** y otras producciones musicales. ¡Es más grande que un campo de fútbol!

Las icónicas «cáscaras», con forma de V, están recubiertas de más de un millón de azulejos.

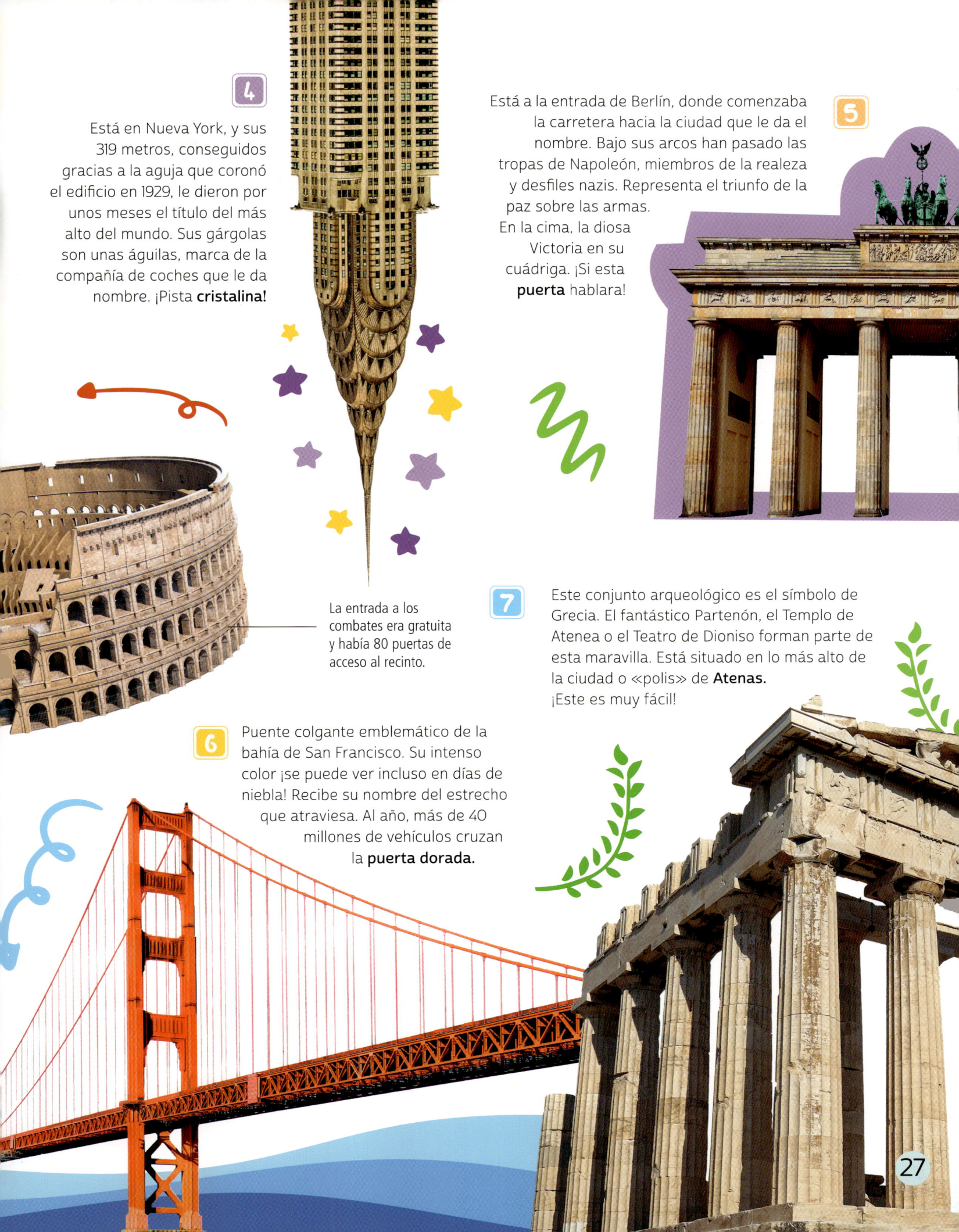

4 Está en Nueva York, y sus 319 metros, conseguidos gracias a la aguja que coronó el edificio en 1929, le dieron por unos meses el título del más alto del mundo. Sus gárgolas son unas águilas, marca de la compañía de coches que le da nombre. ¡Pista **cristalina**!

5 Está a la entrada de Berlín, donde comenzaba la carretera hacia la ciudad que le da el nombre. Bajo sus arcos han pasado las tropas de Napoleón, miembros de la realeza y desfiles nazis. Representa el triunfo de la paz sobre las armas. En la cima, la diosa Victoria en su cuádriga. ¡Si esta **puerta** hablara!

La entrada a los combates era gratuita y había 80 puertas de acceso al recinto.

7 Este conjunto arqueológico es el símbolo de Grecia. El fantástico Partenón, el Templo de Atenea o el Teatro de Dioniso forman parte de esta maravilla. Está situado en lo más alto de la ciudad o «polis» de **Atenas**. ¡Este es muy fácil!

6 Puente colgante emblemático de la bahía de San Francisco. Su intenso color ¡se puede ver incluso en días de niebla! Recibe su nombre del estrecho que atraviesa. Al año, más de 40 millones de vehículos cruzan la **puerta dorada**.

Monumento de la India de una simetría casi perfecta. Su mármol refleja diez colores diferentes y las paredes interiores lucen piedras preciosas. Se construyó en honor a Mumtaz **Mahal,** la esposa fallecida del emperador. ¿Lo tienes ya?

8

9

Es el monumento más famoso de Barcelona. Se financia con donaciones privadas, lleva más de un siglo en construcción y ¡las obras no han terminado! Será la iglesia más alta del mundo y Gaudí diseñó su geometría inspirado en la naturaleza. ¿Conoces su **sagrado nombre?**

10

Esta maravilla de China mide más de 21 000 kilómetros, ¡casi el doble del diámetro de la Tierra! Solo se conserva un 30% de su estructura, que tardó más de 2 000 años en construirse. Sus **muros** cruzan 15 provincias y bate récords de visitas, ¡más de 9 millones de personas al año!

11

Su imagen es mundialmente conocida. El nombre se debe a una **gran campana del interior** de la torre de ¡14 toneladas y más de dos metros de altura! Si el parlamento de Londres está reunido, la luz superior se enciende. ¿Sabías que el péndulo del reloj se ajusta con el peso de un montón de peniques?

La famosa torre se rebautizó en 2012 con el nombre de Elizabeth Tower.

12

Esta gran **torre de hierro** se ha convertido en la imagen más conocida de París. Se construyó como algo temporal para la Exposición Universal de 1889 y acabó siendo el símbolo de la ciudad. Un faro brillante en la noche que, gracias a sus proyectores sincronizados proyecta su iluminación hasta 80 km.

AUTOTEST

Acrópolis
Big Ben
Catedral de San Basilio
Chichén Itzá
Coliseo
Edificio Chrysler
Gran Muralla china
Ópera de Sídney
Pirámides de Egipto (Guiza)
Puente Golden Gate
Puerta de Brandeburgo
Sagrada Familia
Taj Mahal
Torre de Pisa
Torre Eiffel

RESPUESTAS

¿Cuántos monumentos has reconocido?

Menos de ocho. ¡Bien! Te llaman la atención los monumentos emblemáticos.

Entre ocho y trece. ¡Fenomenal! Tu lista acaba de aumentar.

Más de trece. ¡Increíble! Eres una persona curiosa. Sigue buscando nuevos monumentos.

13

Es uno de los **símbolos de Italia.** Su inclinación de casi cuatro grados, debida a sus cimientos inestables, la ha hecho mundialmente famosa. Junto a la catedral y el baptisterio integra la Piazza dei Miracoli. Tiene ocho plantas, así que prepárate para subir sus 294 escalones.

15

Situado en la Plaza Roja, es uno de los mayores y **coloridos iconos de Moscú.** Lo mandó construir el zar Iván el Terrible en el siglo XVI. En época de Stalin se quiso demoler y Napoleón no tuvo otra idea que ¡utilizarlo como establo!

14

Keops, Kefrén y Micerinos son los nombres vinculados a este complejo monumental situado en Egipto. Se construyeron ¡hace más de 4 500 años! ¿Qué secretos esconden estas **estructuras piramidales?**

Taller de escultura

Son muchos los materiales que se emplean para fabricar y esculpir diversas formas que, en ocasiones, se convierten en auténticos símbolos y obras de arte. A continuación, vas a comprobar a cuántas esculturas, que son iconos mundiales, eres capaz de poner nombre. ¡Presta atención a todas las pistas!

1

¿Te imaginas construir una escultura de 38 metros en lo alto de una colina? Pues esa obra de ingeniería existe, y es esta imagen de **Cristo** que, desde el Cerro de **Corcovado,** parece redimir a toda la ciudad de Río de Janeiro. ¡Repasa las pistas!

2

Son conocidas como las **cabezas** de la isla de **Pascua,** aunque bajo esa parte visible se encuentra también un cuerpo tallado. Sus tamaños van desde los tres a los 10 metros. Se han encontrado más de 900. ¡Vaya esfuerzo para desplazar y enterrar!

¡Más de 8 000 soldados de tamaño natural en formación de batalla!

3

Cerca de Xi'an, en China, se encontró enterrado un auténtico **ejército** de esculturas preparadas para la **guerra.** Más de tres fosas con soldados, 130 carros, más de 520 caballos y algunas figuras no militares fabricadas con ¡**tierra cocida**!

4

Este **busto** es una de las imágenes más emblemáticas y copiadas del Antiguo Egipto. La corona azul identifica a esta **reina** cuyo nombre significa «la bella ha llegado». Para verla, tienes que ir ¡a Berlín!

5

Escultura griega, del 450 a. C., que representa el ideal de belleza del cuerpo humano. Es obra de **Mirón,** que reflejó la tensión corporal de un atleta a punto de lanzar el **disco**. ¡Ya tienes el nombre! Añade la firma del artista ¡y listo!

6

Esta figura paleolítica, de poco más de 11 centímetros, ¡tiene casi 30 000 años de vida! El cuerpo presenta los atributos femeninos destacados sobre el resto. Recibe el nombre de la **diosa romana de la belleza** y se encontró en Willendorf. ¡Ya lo tienes!

Una estrecha escalera de caracol lleva hasta el interior de la corona.

7

Parecen monstruos, aunque protegen al edificio expulsando el agua de lluvia por sus bocas, ¡como si hicieran **gárgaras!** De ahí su nombre, aunque algunas de Notre Dame solo vigilan.

8

Situada en una isla al sur de Manhattan, es el símbolo indiscutible de los Estados Unidos. Su antorcha representa la luz que ilumina al mundo. ¡Siente la **libertad** de nombrarla!

9

Se diseñó para formar parte del conjunto escultórico *La puerta del Infierno*, aunque Rodin acabó creando este icónico cuerpo solitario. ¡Cada detalle evoca la capacidad de pensar! Pon el codo sobre la rodilla y **piensa** su nombre.

El símbolo de la ciudad de Copenhague es un personaje de cuento.

10 Dice la leyenda que una **loba** encontró a **Rómulo y Remo,** los gemelos que fundaron Roma, abandonados a orillas del Tíber y los amamantó como hijos. Esta escultura de los Museos Capitolinos representa a la famosa loba. ¡Atención a la pista!

11

Esta figura de bronce, de poco más de un metro, tiene la cara de una bailarina que representó el famoso cuento de **Hans Christian Andersen.** Desde su roca observa las aguas del Báltico. ¿Escuchas su canto?

32

12

Esta gran escultura representa el cuerpo de un león y la cabeza de un hombre, posiblemente la del faraón Kefrén. Se encuentra a unos 20 kilómetros de El Cairo, en **Guiza.** Junta las pistas y di su nombre.

13

Escultura de mármol blanco de unos cinco metros de altura y más de 5 000 kilos de peso. Miguel Ángel es el artista de esta obra que puedes ver en Florencia. ¡Este pequeño **rey** está a punto de enfrentarse a **Goliat!**

AUTOTEST

Buda Reclinado
Busto de Nefertiti
Cristo Redentor
David
Discóbolo de Mirón
El pensador
Estatua de la Libertad
Gárgola
Gran Esfinge de Guiza
Guerreros de Terracota
La sirenita
Loba Capitolina
Moái
Venus de Willendorf

RESPUESTAS

¿A cuántas esculturas has puesto nombre?

Menos de siete. ¡Bien! Ahora ya conoces alguna más.

Entre siete y doce. ¡Fenomenal! Está claro que te gustan las esculturas.

Más de doce. ¡Increíble! Te gusta el arte y sientes curiosidad por las obras escultóricas.

La piedra de la cabeza es más dura que la del cuerpo, que está más erosionada.

14 Esta gigantesca escultura de **Buda,** de 46 metros de largo y 15 metros de altura, se encuentran en Tailandia. ¡Todo su cuerpo está cubierto de pan de oro! Lo más característico, **¡su postura!**

Es uno de los minerales **más valiosos.** Está compuesto de carbono, precisa más de mil millones de años para formarse y es tal su **dureza** que ¡solo se puede tallar con otro ejemplar del mismo mineral! Los más puros se utilizan en joyería. Por precioso que sea, ¡hay que pulirlo para que brille!

1

Rocas, minerales y fósiles

Nuestro planeta alberga grandes maravillas. El estudio de las rocas, y de los minerales y fósiles que se encuentran en ellas, nos aporta mucha información de cómo ha ido evolucionando la Tierra y la vida durante millones de años. ¡A ver cuántos de los ejemplos propuestos conoces!

2 Es una piedra preciosa que tiene berilo y algo de cromo. Las de mayor calidad y tamaño se encuentran en Colombia, y lo más característico es la tonalidad de su **color verde** ¡con nombre propio!

Es muy difícil relacionar directamente el tipo de huevos fosilizados con el tipo de dinosaurio.

3 Los primeros fósiles de estos **huevos** se encontraron en Mongolia en 1923 y se ha desarrollado un sistema para clasificarlos según la estructura de su cáscara.

4

Es el segundo metal más abundante y forma casi un 70 % del núcleo terrestre. Permite construir grandes estructuras y es vital para nuestro organismo. Cuando estás sano se dice que tienes una **salud de...** este mineral.

5

Estos artrópodos vivieron durante el Paleozoico en todos los mares, donde permanecieron casi 300 millones de años, ¡más tiempo que los dinosaurios! Desaparecieron antes de la llegada de estos. Su nombre hace referencia a los **tres lóbulos** de su cuerpo: ¡pista definitiva!

6

Es un metal precioso que conduce muy bien la electricidad. México y Perú son grandes productores. Los egipcios la consideraban más valiosa incluso que el oro. Si en una competición ganas esta **medalla,** ¡has alcanzado la **segunda posición!**

7

Es el mineral más común en nuestro planeta y está compuesto de sílice. Los hay de diversos colores y es conocido como «la piedra universal». La arena de la playa puede estar compuesta por ¡hasta un 95 % de este material! Su nombre proviene de la **palabra alemana** *quarz.*

8

Surgieron hace más de 300 millones de años. ¡Fíjate si son resistentes! Algunas **hojas** han quedado petrificadas en fósiles. Se reproducen por esporas y sus hojas son conocidas como frondas. ¿Tienes alguno en casa? Este es **el hecho** más significativo para darte una pista.

9

Es un metal que aporta dureza siendo muy ligero, por lo que su uso es ideal en vehículos, aviones, carpintería metálica o **embalajes,** por ejemplo, **de alimentos.** ¡Puede que hayas envuelto tu bocadillo con él!

La pepita más grande se encontró en Australia y pesaba 71 kilos.

10

Conduce muy bien la electricidad sin sobrecalentarse y se puede moldear con facilidad. Se usa para la fabricación de cables. Mira los dispositivos que tienes: televisión, móvil, ordenador... ¡este metal **cobrizo** te rodea!

11

Es un mineral muy escaso. Muchas culturas han dado gran valor a esta gema. Ya la usaron en el Antiguo Egipto y también incas y aztecas. Llegó a Europa a través de Turquía procedente de Persia. El **color azul verdoso** es único y ¡lleva su nombre!

12

Sus restos fósiles han permitido conocer las impresionantes dimensiones de este carnívoro bípedo de mandíbula poderosa que vivió hace 66 millones de años. Es el más **famoso** de los dinosaurios. ¡Pocos eran los rivales que se enfrentaban a este **tiránico rey!**

13

Es el metal precioso por excelencia y posee un gran valor. Los antiguos egipcios creían que los dioses tenían la piel de este material. Con él se han fabricado **monedas, lingotes, joyería** y microchips. En finas láminas ¡es comestible!

14

Es el mineral de hierro más común de la tierra. Tiene un color gris oscuro, casi negro, y presenta brillo metálico. ¿Sientes su fuerte **magnetismo?** ¡Es la clave de su nombre!

AUTOTEST

Aluminio
Cobre
Cuarzo
Diamante
Esmeralda
Helecho
Hierro
Huevos de dinosaurio
Magnetita
Oro
Plata
Trilobites
Turquesa
Tiranosaurio rex

RESPUESTAS

¿Cuántas propuestas has adivinado?

Menos de siete. ¡Bien! Ahora tu repertorio es más amplio.

Entre siete y doce. ¡Fenomenal! Se nota que has puesto interés en cada pista.

Más de doce. ¡Increíble! Eres una persona curiosa y te gusta descubrir lo que la Tierra esconde.

1

«Me quiere, no me quiere». ¿Te suena? Buscamos una respuesta arrancando sus pétalos, que en realidad son flores, al igual que los pequeños tubos que forman su **círculo amarillo central.** Tiene una apariencia sencilla y es muy común. ¿Conoces a alguien con este nombre?

Su nombre significa «padre de muchas semillas» y el diámetro de su copa supera los 11 metros.

Mundo natural

La naturaleza nos brinda belleza, sabiduría y salud. Mira a tu alrededor y no pierdas detalle del maravilloso mundo que te rodea. Vamos a poner algunos ejemplos que forman parte de su riqueza, así que ¡trata de adivinar el mayor número posible de propuestas! Luego, sigue completando la lista, que esto no acabe aquí.

3

Tiene un aspecto delicado, aunque ¡es muy resistente! Algunas se utilizan en la cocina, bien para decorar ensaladas o como esencia en algunos postres. Su aroma dulce es muy peculiar y, si quieres conocer su nombre, fíjate en su **color.**

2

Se alimenta de insectos que atrae, atrapa y **digiere.** Se ha adaptado para cazar utilizando una especie de cepo, sustancias pegajosas o receptáculos en forma de urna. Si una víctima toca ligeramente sus pelos... ¡clac! ¡Se cierra en menos de un parpadeo!

Es una planta leñosa que crece sobre todo en regiones húmedas y cálidas de todo el mundo. ¡Hay más de 2 500 especies! Las hay que no crecen mucho y otras que alcanzan los 15 metros de altura. Sus frutos más conocidos son los cocos o los dátiles. ¡Su nombre está **en la palma de tu mano!**

4

5

Tiene un aspecto curioso, como si estuviera plantado del revés y su copa fueran las raíces. Es el **símbolo** nacional de **Madagascar** y la especie más alta alcanza los 25 metros. Rodeado de leyendas, el protagonista de la obra *El principito* temía que creciera en su asteroide y lo destrozara.

6

Su **flor** es **elegante** y bella, a la vez que compleja. Esta especie se cultiva con un fin industrial: se emplea en alimentos, bebidas y cosmética. Ya la utilizaban en México, en el siglo XV, para aromatizar el chocolate. ¿Te llega el delicioso olor a **vainilla?**

8

Es la flor nacional de España y está presente en muchas de sus fiestas tradicionales. Tiene pétalos dentados y perfumados y los hay de muchos colores, aunque el rojo es el más característico. Esta flor es de las más regaladas. ¡Seguro que **clavas** la respuesta!

7

Planta tropical muy conocida por sus exóticas flores. Estas se abren en abanico y adquieren una forma que recuerda a un **ave.** ¡Fíjate bien! La belleza de sus tonos anaranjados, azulados y violetas, y su néctar, especialmente dulce, ¡te harán sentir en el **paraíso!**

9

Puede llegar a alcanzar una altura de 30 metros. El tronco es recto y las ramas crecen de forma piramidal. Sus **hojas** son como **agujas** ¡cuidado! Respira su aroma, ¡es estimulante! Se utiliza en muchos ambientadores. ¡Seguro que has visto sus piñas en numerosos adornos navideños!

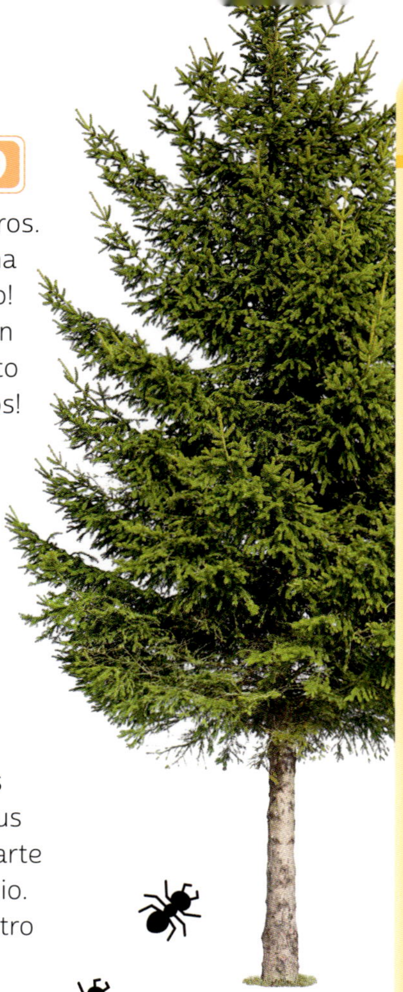

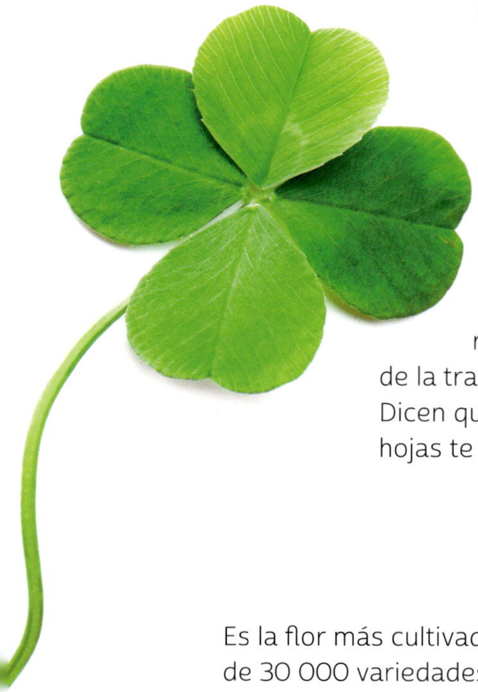

10

Es **símbolo de suerte** y prosperidad. En Irlanda las novias los incorporan en sus ramos y su imagen forma parte de la tradicional fiesta de San Patricio. Dicen que si encuentras uno de cuatro hojas te traerá buena suerte.

11

Es la flor más cultivada y popular. ¡Existen cerca de 30 000 variedades! Las más vendidas son las **rojas,** aunque cada color tiene un significado. Su aroma es objeto de estudio, y en 2001 viajó al espacio como parte de uno. Aparenta fragilidad, pero ¡ten cuidado de no pincharte con su tallo!

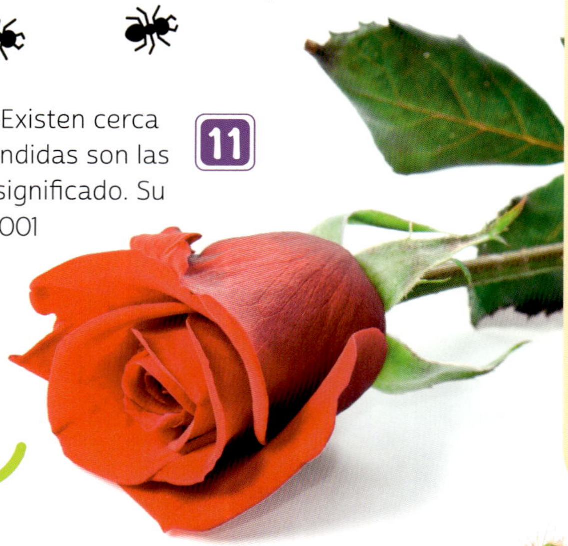

12

Es una **planta acuática** muy exótica. Parece que las hojas y flores flotan libres en lagos o pantanos, aunque están ancladas al fondo por raíces. Flores tan bellas como efímeras, ¡solo duran 3 o 4 días!

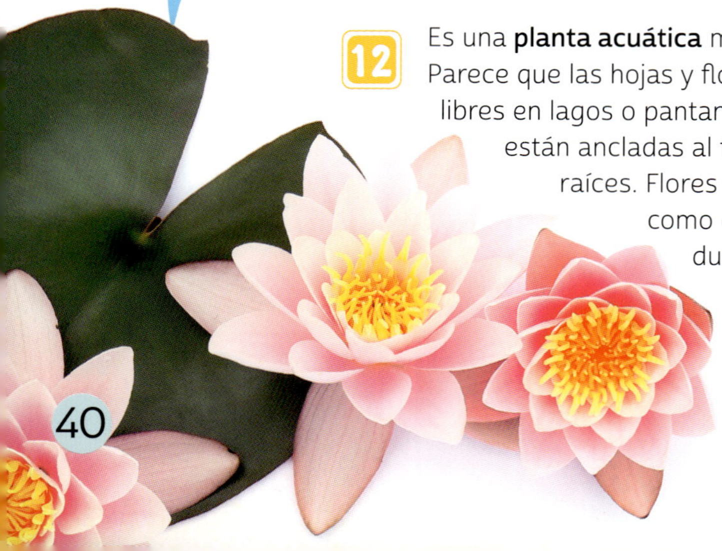

AUTOTEST

Almendro
Amapola
Ave del paraíso
Baobab
Cactus
Clavel
Girasol
Margarita
Nenúfar
Orquídea vainilla
Palmera
Pino
Planta carnívora
Rosa
Trébol
Tulipán
Violeta

RESPUESTAS

¿Cuántas de las propuestas has adivinado?

Menos de ocho. ¡Bien! La naturaleza te puede enseñar mucho.

Entre ocho y catorce. ¡Fenomenal! Sabes apreciar el entorno natural.

Más de catorce. ¡Increíble! Disfrutas de la belleza natural que te rodea y sientes curiosidad por ella.

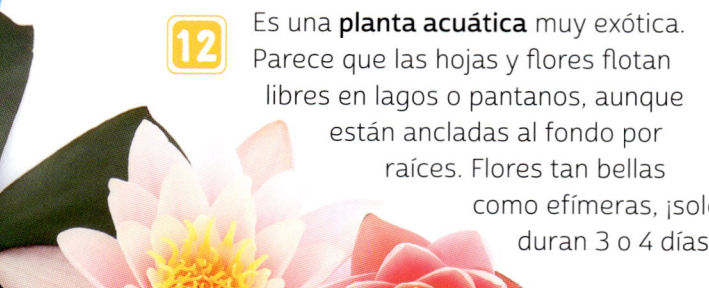

13

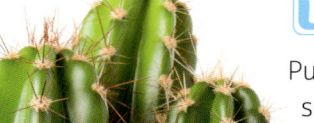

Puede vivir en zonas secas y calurosas porque ha adaptado sus tejidos para almacenar agua en ellos. Algunos tienen **espinas** que ayudan a retener la humedad. ¡Procura no pincharte!

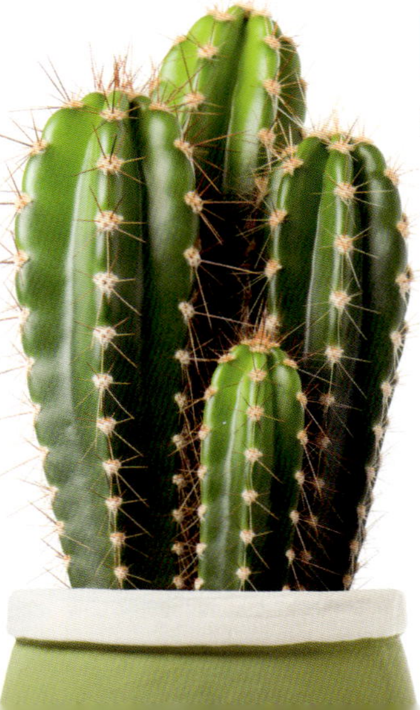

14

Presenta una simetría perfecta y gran riqueza de colores, aunque el azul nunca crece de forma natural y el negro es muy escaso. Su imagen está asociada a los **Países Bajos** y sirvieron de alimento en época de guerras. ¡Anímate a plantar algún bulbo!

15

Su floración anuncia que la primavera está a punto de comenzar y es un espectáculo digno de ver. Las flores, de color blanco o rosáceo, nacen antes de que las hojas broten y viven unas dos semanas. Seguro que has probado su **fruto seco,** ¿te gusta crudo, tostado o frito?

16

La más reconocida es la de color rojo intenso con un punto central negro. Florecen en los campos y crean alfombras de color. Las semillas se utilizan como condimento en bollería y ¡tienen un efecto calmante! Es **amada por la...** fragancia que desprende.

17

Como Van Gogh, puede que te hayas fijado en los hermosos campos amarillos que forman. Cada ejemplar es un conjunto de flores que alberga hasta 2 000 semillas. Gira y gira **buscando** constantemente **los rayos del sol** para crecer y ¡qué aceite más rico da!

41

Maravillas naturales y fenómenos extremos

¿Has oído hablar de las maravillas del mundo? Son estructuras naturales de características extraordinarias que producen gran admiración y asombro. La naturaleza puede crear cosas increíbles, desde animales que brillan hasta grandes superficies de fuego. ¿Podrás averiguar cuáles son? Observa las fotos, lee las explicaciones y lo sabrás.

1

Estas piscinas de **Turquía** constituyen un escenario **natural** único en el mundo. Son formaciones geológicas originadas por el calcio de las aguas termales que ha dado lugar a estas hermosas terrazas turquesas y blancas. Su nombre turco se traduce como «castillo de algodón». Un *spa* en plena naturaleza.

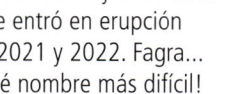

En Islandia hay unos 130. Este entró en erupción en 2021 y 2022. Fagra... ¡qué nombre más difícil!

2

El magma que existe en el interior de la Tierra sale hacia al exterior a través de cráteres o aberturas del terreno por los que se expulsan **gases, ceniza y lava.** Esta se acumula formando una montaña cónica. ¡Vaya espectáculo cuando entra en erupción!

3

Son montañas que se levantan del suelo con paredes verticales y cimas prácticamente planas, como una **gran meseta.** Al estar tan altos y aislados son un gran refugio para plantas y animales. Este se encuentra en el Escudo guayanés. ¡Tiene 2 810 m de altitud!

4

¿Has pensado que los lagos solo pueden ser azules? ¡Hay más posibilidades! Estos mágicos **lagos** deben su **color** a la gran cantidad de sal que tienen. En ellos crecen varios tipos de algas, bacterias y crustáceos de ese color. El más famoso es este de Australia, y el agua permanece siempre rosa.

5

Si estás en zonas polares por la noche puede que veas grandes formas de **luces** de diversos **colores** brillar en el cielo. Se originan por el choque de partículas solares con el campo magnético. ¡Algo espectacular!

En el sur se «apellidan» australes. ¿Sabes cuál es su nombre en el hemisferio norte?

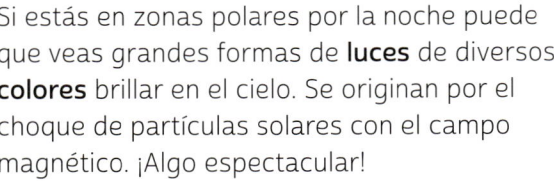

43

6

Es la extensión de **dunas** de **yeso** más grande del mundo. Hace cien millones de años estaba cubierta de un mar poco profundo. Los restos de sal, yeso y la acción del viento generaron este espectacular paisaje **blanco** en Nuevo México. ¿Adivinas el nombre de esta maravilla?

7

En algunas erupciones **volcánicas,** si la explosividad es grande y el penacho de material expulsado alcanza gran tamaño, las partículas pueden colisionar y generar **descargas eléctricas** ¡como en las tormentas! ¿Adivinas cómo se llama este fenómeno?

Situado en las Maldivas, su capital es Nilandú. Necesitarás un hidroavión para llegar allí.

8

En medio del océano Índico está el mayor **conjunto** de estas curiosas estructuras. Son **islas** de coral con forma de anillo y una laguna en el centro que alberga gran cantidad de especies marinas muy singulares. ¡Un paraíso para los amantes del buceo!

9

Una composición singular de diversos minerales ha dado origen a esta formación con **franjas de siete colores** diferentes situada en los Andes peruanos. ¡No hay montaña en el mundo con más colorido!

AUTOTEST

Atolón Faafu
Aurora boreal
Desierto de arenas blancas
Géiser
Lago rosa Hillier
Luna de sangre
Montaña arcoíris
Piscinas naturales de Pamukkale
Rayos volcánicos
Tepuy Roraima
Volcán Fagradalsfjall

RESPUESTAS

¿Cuántas maravillas naturales has averiguado?

Menos de seis. ¡Bien! Seguro que aprenderás más si sigues las pistas.

Entre seis y nueve. ¡Fenomenal! Casi los tienes todos.

Más de nueve. ¡Increíble! Tus conocimientos sobre maravillas naturales son brutales.

10

Este fenómeno se da en ocasiones muy especiales, cuando hay **luna** llena y se produce a la vez un eclipse lunar total. La Tierra impide que los rayos del Sol se reflejen en la Luna, y proyecta sobre ella la luz de su atmósfera. ¡Parece que está teñida de **rojo**!

La Luna se ve con un color asombroso que da nombre a esta maravilla.

11

Esta columna de agua caliente y vapor es una formación muy extraña. Es como un gran **surtidor** por el que salen con fuerza **aguas termales** subterráneas. Como este de Yellowstone, solo hay unos mil por todo el planeta.

A vista de pájaro

La Tierra está sometida a cambios constantes. El movimiento de las placas tectónicas, los diferentes tipos de clima y la erosión causada por el viento y el agua crean diversas formaciones naturales que configuran la geografía mundial. ¿Te apetece ver algunos ejemplos? ¡A ver cuántos reconoces!

 Isla. Porción de tierra rodeada de agua por todos sus lados. Puede localizarse en océanos, mares, ríos o lagos. Las hay de diferentes tamaños, formas y orígenes geológicos.

 **Península.** Terreno rodeado de agua por todos sus lados menos por uno, que es por el que se une a una superficie de tierra de mayor extensión.

 Costa. Franja de terreno que está en contacto con el mar. Pueden ser playas de arena o acantilados de roca.

 **Cañón.** Valle profundo y estrecho que discurre entre las laderas empinadas y rocosas y surge como resultado de la excavación realizada por un río.

 **Tundra.** Paisaje característico de zonas cercanas a los polos o de cimas de montañas muy altas donde el clima es extremadamente frío y ventoso. Son regiones sin árboles.

 **Fiordo.** Valle hundido por el peso de los glaciares que se llena de agua del mar cuando el hielo se derrite y forma ensenadas largas y estrechas entre laderas empinadas.

 **Desierto.** Es un área de escasas precipitaciones que presenta temperaturas extremas, lo que dificulta la vida y la diversidad de especies. Los hay subtropicales, semiáridos, costeros y polares.

 **Glaciar.** Gran masa de hielo que se forma por la acumulación de nieve en zonas elevadas del terreno y que puede descender hacia zonas inferiores en forma de lengua o río de hielo.

 Montaña. Elevación natural de gran altura que se da sobre un terreno como resultado del choque de placas tectónicas o erupciones volcánicas y que está formada por diferentes tipos de roca, tierra, piedra o lava.

1

Es el **bloque de hielo** de mayor tamaño de Groenlandia: 65 km de largo y 2 000 m de grosor. Tras décadas en retroceso lleva unos años aumentando su tamaño. ¡Vaya sobresaltos que causan los cambios de temperatura de los océanos!

2

El río **Colorado** ha socavado este terreno de Arizona durante millones de años. Tiene cordilleras de hasta 29 km de anchura y profundidades de más de 1 600 m a lo largo de sus 446 km. ¡Una **gran** garganta!

3

Un **mar de aguas cálidas** le da su nombre. Fue la primera región del continente americano explorada por los europeos. ¡Seguro que te encantaría disfrutar de sus islas con selvas tropicales y playas de arena blanca!

4

Es la **cadena montañosa** continental más larga de la Tierra, ¡8500 km! Recorre siete países en la zona occidental de América del Sur y constituye la frontera natural entre Chile y Argentina. El Aconcagua es su punto más alto, ¡casi 7000 m!

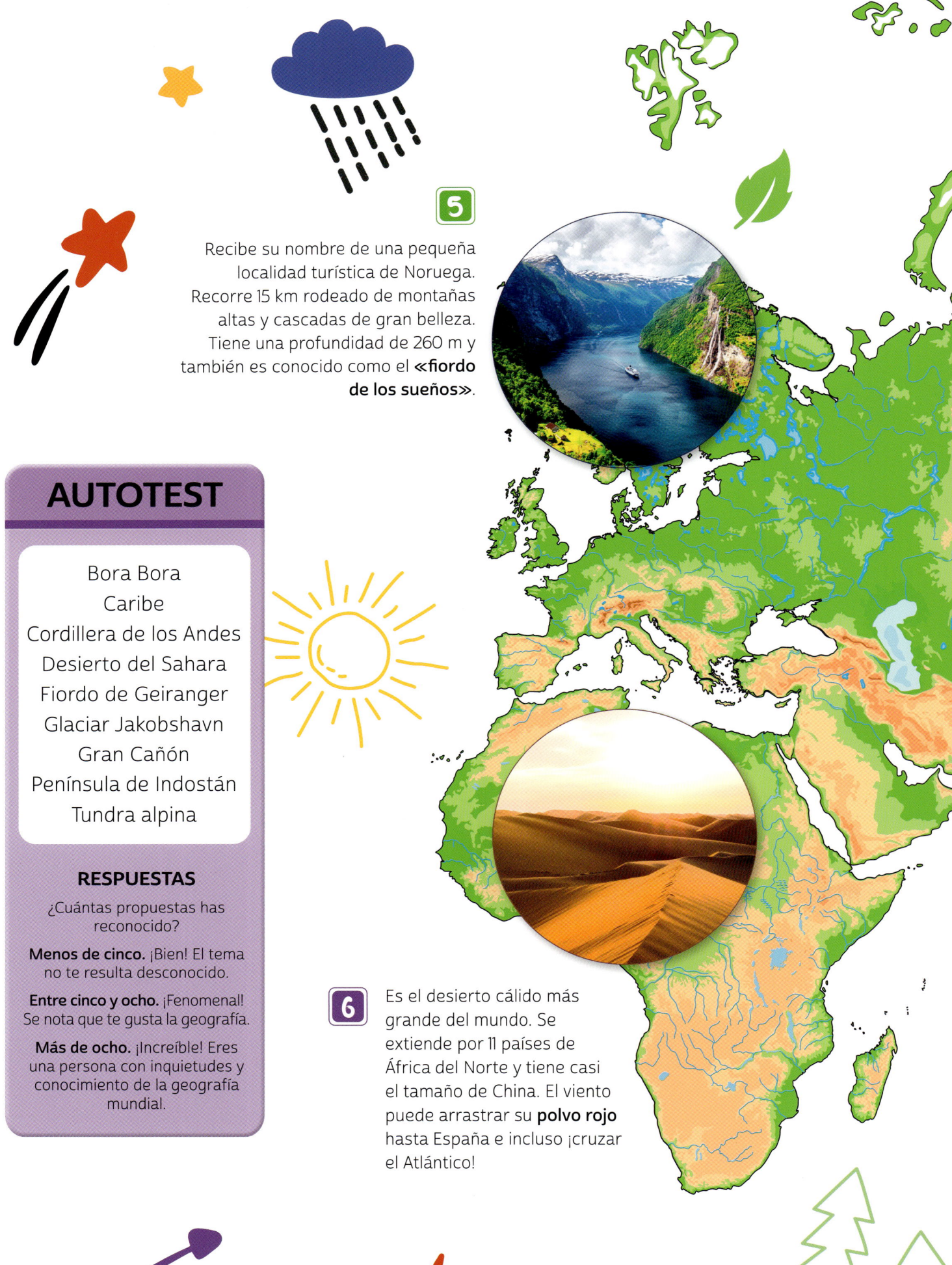

5

Recibe su nombre de una pequeña localidad turística de Noruega. Recorre 15 km rodeado de montañas altas y cascadas de gran belleza. Tiene una profundidad de 260 m y también es conocido como el «**fiordo de los sueños**».

AUTOTEST

Bora Bora
Caribe
Cordillera de los Andes
Desierto del Sahara
Fiordo de Geiranger
Glaciar Jakobshavn
Gran Cañón
Península de Indostán
Tundra alpina

RESPUESTAS

¿Cuántas propuestas has reconocido?

Menos de cinco. ¡Bien! El tema no te resulta desconocido.

Entre cinco y ocho. ¡Fenomenal! Se nota que te gusta la geografía.

Más de ocho. ¡Increíble! Eres una persona con inquietudes y conocimiento de la geografía mundial.

6 Es el desierto cálido más grande del mundo. Se extiende por 11 países de África del Norte y tiene casi el tamaño de China. El viento puede arrastrar su **polvo rojo** hasta España e incluso ¡cruzar el Atlántico!

7

Este paisaje sin árboles solo se ve en la cumbre de **montañas muy altas,** donde las temperaturas nocturnas están por debajo de los 0 °C. Es muy común en el Himalaya, los Andes o los **Alpes,** de ahí su nombre. ¡Vaya viento helado corre por aquí!

8

Aquí se juntan unos cuantos países, el más importante, **India,** separándose del resto de Asia en un gran pedazo de tierra con forma triangular.

9

Isla volcánica del Pacífico Sur situada al noroeste de Tahití. Una impresionante barrera de coral protege a la laguna turquesa que rodea el islote. Otemanu es la cumbre más alta del atolón. Repite una palabra y tendrás su nombre.

Nos queda mucho por ver

Mira un mapamundi. Aunque no todos los científicos se ponen de acuerdo con el número de continentes, sí los definen como grandes superficies de tierra separadas por los océanos. Excluido el deshabitado continente de la Antártida, casi 200 países se ubican sobre estos territorios. ¡A ver cuántos reconoces!

 **América del Norte.** Alberga un total de 23 países. A los tres grandes del norte se suman los de las Antillas y Centroamérica.

 **América del Sur.** Territorio formado por 12 países. Alberga la mayor biodiversidad del mundo: un 40 % de las especies conocidas.

 **Europa.** Se le llama el Viejo Continente y a él pertenecen 50 países, y cinco más que comparten territorio entre Asia y Europa.

 **Asia.** Es el continente más grande y donde se hablan más idiomas distintos. Lo componen 49 países.

 **África.** Es el tercer mayor continente y lo componen 54 países.

 **Oceanía.** Es el continente más pequeño y por sus peculiares características alberga los animales más curiosos del planeta.

1 Es el **segundo país más grande** del mundo. Enormes lagos y extensos bosques cubren gran parte de su territorio. ¡Abrígate si vas a Ottawa en invierno!

2 Son 329 millones de habitantes. **Washington D. C. es su capital** y Nueva York la ciudad más poblada. Su bandera de barras y estrellas representa las colonias originales y los estados que forman la Unión. ¿Tienes dólares para ir?

3 Cuna de la samba, la capoeira y los carnavales. **Brasilia es su capital** y Río de Janeiro y su Pan de Azúcar iconos del país. Su selva amazónica es el pulmón del planeta, ¡y necesita protección!

4 Su capital está construida sobre la antigua del Imperio azteca y encima de un lago. **Mariachis y tesoros arqueológicos** son reclamos turísticos y un gran golfo –geográfico– lleva el nombre del país. ¡Ay, qué lindo!

5 El país de La Pampa, el río de la Plata, el «bife», el tango y el mate. **Fanáticos del fútbol** y de gran riqueza cultural. El glaciar Perito Moreno y el Aconcagua impresionan. ¿Viste?

Su territorio fue la **cuna del Imperio romano.** Ciudades como Roma, Venecia o Milán son mundialmente conocidas, así como su pasta y helados. Referente en el mundo de la moda y el diseño. No hay que saber latín para adivinar. ¡*Ciao*!

6

7 La **democracia y los Juegos Olímpicos** nacieron aquí. Atenas es su capital, y sus islas, destinos turísticos soñados. Muchos cuentos se inspiran en su mitología, ¡te gustarán!

8 **Une Europa con África.** Tuvo territorios en todos los continentes habitados. Madrid o Barcelona son ciudades muy conocidas. Cuna del mundo hispanohablante, muchas de sus palabras vienen del árabe: ¡ojalá que lo adivines!

9 La **magia del Nilo** atrae a turistas que admiran sus pirámides y tesoros arqueológicos. Momias, papiros y jeroglíficos son objeto de estudio. ¿Has descifrado su nombre?

10 **País** del Bollywood y el **más poblado** del mundo. Tiene 28 estados, ¡alguno del tamaño de Alemania! El hinduismo es la religión mayoritaria. Sagrados son su río Ganges y ¡las vacas! ¡*Namasté*!

11

Extenso y poblado país de **tradiciones milenarias** y grandes contrastes entre la ciudad y el campo. Aquí inventaron la pólvora, el papel, la imprenta y la brújula. Usan palillos para comer y sus celebraciones de Año Nuevo son muy famosas. ¿Has visto su dragón?

12

Es el **país más grande** y frío del mundo. Los Urales separan su territorio europeo de la vasta Siberia situada en Asia. Moscú es su capital y de aquí parte el famoso Transiberiano. ¡Fue el primer país que llegó al espacio!

13

Archipiélago de origen volcánico con gran actividad sísmica y conocido como el **país del sol naciente.** Legendarios son sus guerreros samuráis, y el sushi, su comida más famosa. Observa los cerezos en flor y ¡ojo con el sake! ¡*Sayonara*!

14

Tiene la **menor densidad de población** del mundo, ¡viven más canguros que personas! Sídney es la ciudad más conocida, aunque la capital es Canberra. El 80 % de sus animales son endémicos. ¡Su Gran Barrera de Coral es una maravilla!

AUTOTEST

Argentina
Australia
Brasil
Canadá
China
Egipto
España
Estados Unidos
Grecia
India
Italia
Japón
México
Rusia

RESPUESTAS

¿Cuántos países has adivinado?

Menos de siete. ¡Bien! ¡Tienes un mundo por descubrir!

Entre siete y doce. ¡Fenomenal! Tienes interés en conocer nuevos lugares.

Más de doce. ¡Increíble! Desarrolla tu espíritu viajero y ¡que no te detengan las fronteras!

1. Tractor

2. Moto

3. Metro

4. Tranvía

5. Autobús

6. Patinete

7. Bicicleta

8. Waveboard

9. Coche eléctrico

Páginas 8-9

10. Nave espacial

11. Helicóptero

12. Crucero

13. Submarino

14. Globo aerostático

15. Avión

16. Zepelín

17. Velero

18. Buque de carga

Páginas 10-11

1. Trompeta

2. Flauta dulce

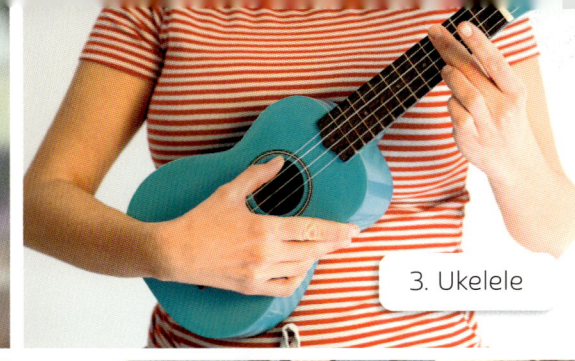

3. Ukelele

4. Pandereta

5. Piano

6. Guitarra

7. Saxofón

8. Maracas

Páginas 12-13

9. Violín

10. Arpa

11. Acordeón

12. Tuba

13. Triángulo

14. Clarinete

15. Guitarra eléctrica

16. Batería

17. Xilófono

Páginas 14-15

1. Baloncesto

55

2. Tenis

3. Ciclismo

4. Natación

5. Gimnasia rítmica

6. Bádminton

7. Ping-pong

8. Piragüismo

Páginas 16-17

9. Fútbol

10. Billar

11. Pádel

12. Béisbol

13. Rugby

14. Golf

15. Esquí

16. Bolos

Páginas 18-19

56

1. Sushi

2. Nachos

3. Fish & chips

4. Tacos

5. Paella

6. Hamburguesa

Páginas 20-21

7. Pizza

8. Fondue

9. Cruasán

10. Perrito caliente

11. Chocolate

12 Sándwich

13. Cuscús

Páginas 22-23

1. Bailarín/-a de ballet

2. Policía

3. Veterinario/-a

4. Químico/-a

5. Médico/-a

6. Astrónomo/-a

7. Mago/-a

8. Bombero/-a

Páginas 24-25

9. Peluquero/-a

10. Cantante

11. Cocinero/-a

12. Pintor/-a

13. Fotógrafo/-a

14. Jardinero/-a

15. Ingeniero/-a

16. Director/-a

17. Profesor/-a

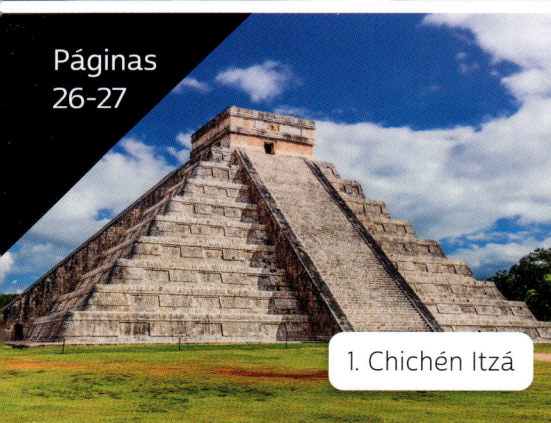
Páginas 26-27

1. Chichén Itzá

2. Ópera de Sídney

3. Coliseo

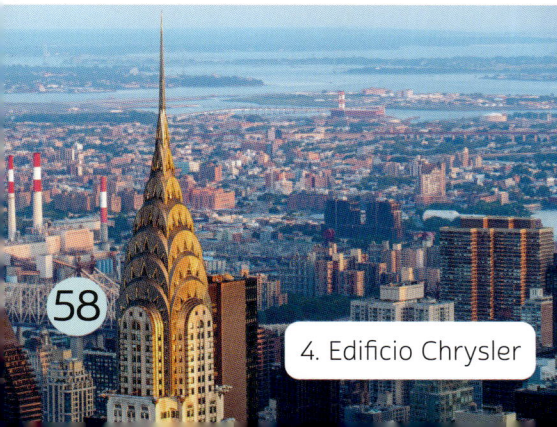

4. Edificio Chrysler

5. Puerta de Brandeburgo

6. Puente Golden Gate

7. Acrópolis

Páginas 28-29

8. Taj Mahal

9. Sagrada Familia

10. Gran Muralla china

11. Big Ben

12. Torre Eiffel

13. Torre de Pisa

14. Pirámides de Egipto

15. Catedral de San Basilio

Páginas 30-31

1. Cristo Redentor

2. Moái

3. Guerreros de Terracota

4. Busto de Nefertiti

5. Discóbolo de Mirón

6. Venus de Willendorf

7. Gárgola

8. Estatua de la Libertad

Páginas 32-33

9. El Pensador

10. Loba Capitolina

11. La sirenita

12. Gran Esfinge de Guiza

13. David

14. Buda Reclinado

Páginas 34-35

1. Diamante

2. Esmeralda

3. Huevos de dinosaurio

4. Hierro

5. Trilobites

6. Plata

7. Cuarzo

Páginas 36-37

8 Helecho

9. Aluminio

10. Cobre

11. Turquesa

12. Tiranosaurio rex

13. Oro

14. Magnetita

Páginas 38-39

1. Margarita

2. Plana carnívora

3. Violeta

4. Palmera

5. Baobab

6. Orquídea vainilla

7. Ave del paraíso

8. Clavel

Páginas 40-41

9. Pino

10. Trébol

11. Rosa

12. Nenúfar

13. Cactus

14. Tulipán

15. Almendro

16. Amapola

17. Girasol

Páginas 42-43

1. Piscinas naturales de Pamukkale

2. Volcán Fagradalsfjall

3. Tepuy Roraima

4. Lago rosa Hillier

5. Aurora boreal

Páginas 44-45

6. Desierto de arenas blancas

62

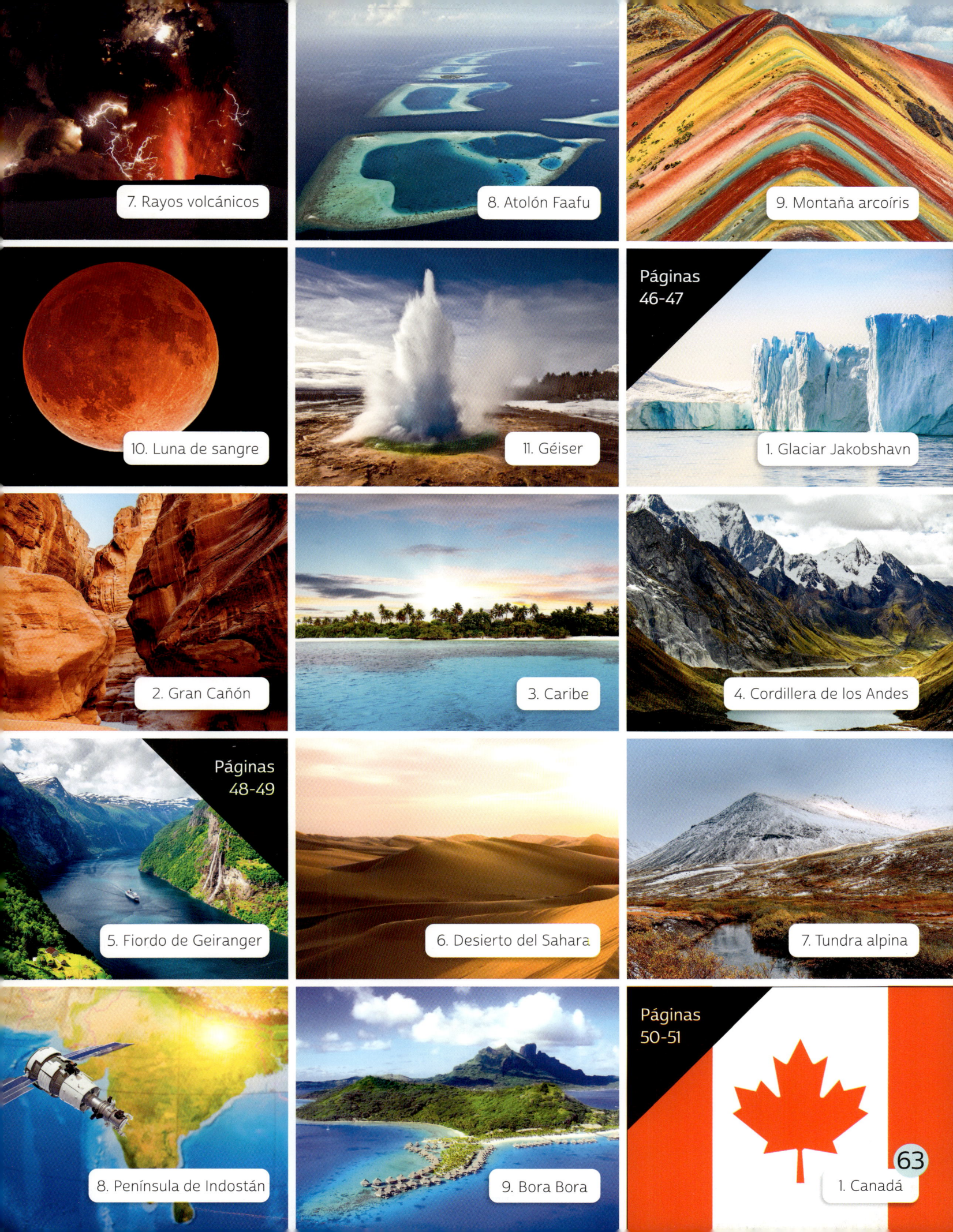

7. Rayos volcánicos

8. Atolón Faafu

9. Montaña arcoíris

10. Luna de sangre

11. Géiser

Páginas
46-47

1. Glaciar Jakobshavn

2. Gran Cañón

3. Caribe

4. Cordillera de los Andes

Páginas
48-49

5. Fiordo de Geiranger

6. Desierto del Sahara

7. Tundra alpina

8. Península de Indostán

9. Bora Bora

Páginas
50-51

1. Canadá

63

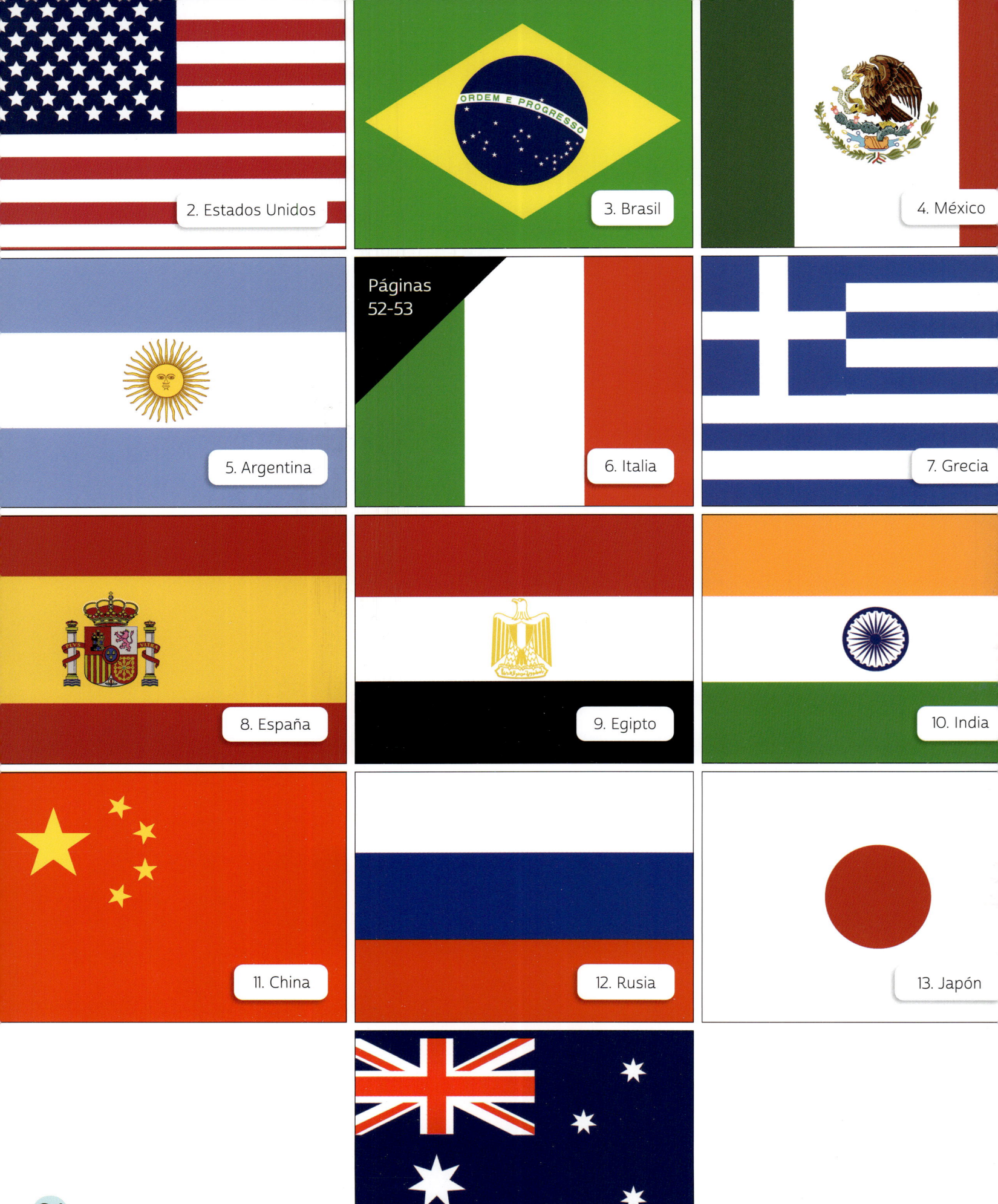

2. Estados Unidos

3. Brasil

4. México

5. Argentina

Páginas 52-53

6. Italia

7. Grecia

8. España

9. Egipto

10. India

11. China

12. Rusia

13. Japón

14. Australia